LAG Bayern 2

**Zur Standortproblematik
in der regionalen Energiewirtschaft**

VERÖFFENTLICHUNGEN
DER AKADEMIE FÜR RAUMFORSCHUNG UND LANDESPLANUNG

Forschungs- und Sitzungsberichte
Band 82
LAG Bayern 2

Zur Standortproblematik in der regionalen Energiewirtschaft

— mit besonderer Berücksichtigung der Landesentwicklung in Bayern —

Forschungsberichte der Landesarbeitsgemeinschaft Bayern
der Akademie für Raumforschung und Landesplanung

GEBRÜDER JÄNECKE VERLAG · HANNOVER · 1972

Zu den Autoren dieses Bandes

Willi Guthsmuths, Prof. Dr. rer. pol., Staatssekretär a. D., 70, Honorarprofessor an der Universität München, ist Ordentliches Mitglied der Akademie für Raumforschung und Landesplanung und Leiter der Landesarbeitsgemeinschaft Bayern.

Anton Bachmair, Dipl.-Ing., 68, Geschäftsführender Direktor (i. R.) des Verbandes der Großkesselbesitzer.

Alfred Hans Schuller, Dipl.-Ing., 61, ist Vorstandsmitglied der Kraftwerks Union AG.

Werner Pietzsch, Dipl.-Ing., 64, ist Direktor und Vorstandsmitglied der Bayerischen Wasserkraftwerke AG München.

Hanns Fischer, Dr. rer. pol., 59, Oberregierungsdirektor, Leiter der Höheren Landesplanungsbehörde — Regierung von Mittelfranken, Lehrbeauftragter für Raumforschung und Landesplanung an der Universität Erlangen-Nürnberg, ist Korrespondierendes Mitglied der Akademie für Raumforschung und Landesplanung.

Karlheinz Witzmann, Dr. rer. pol., 52, Oberregierungsdirektor, Leiter der Bezirksplanungsstelle der Regierung von Oberbayern, ist Korrespondierendes Mitglied der Akademie für Raumforschung und Landesplanung.

ISBN 3 7792 5064 0
Alle Rechte vorbehalten · Gebrüder Jänecke Verlag · 1972
Gesamtherstellung: Druckerei Otto Elbe, Bemerode
Auslieferung durch den Verlag

INHALTSVERZEICHNIS

		Seite
Vorwort		VII
Willi Guthsmuths, München	Raumwirtschaftliche Probleme im Bereich der regionalen Energiewirtschaftspolitik	1
Anton Bachmair, München	Standortbeeinflussende technische Fakten für Bau und Betrieb von thermischen Kraftwerken	19
Alfred H. Schuller, Frankfurt a. M.	Flächenbedarf von Kraftwerken mit einer Stellungnahme zum deutschen Kühlwasserproblem	37
Werner Pietzsch, München	Grundsatzfragen zur Standortorientierung bei Kraftwerksplanungen in Bayern	49
Hanns Fischler, Ansbach	Die energiewirtschaftliche Situation Mittelfrankens aus regionalplanerischer Sicht	57
Karlheinz Witzmann, München	Oberbayern als Gegenstand einer Raumanalyse unter energiewirtschaftlichen Aspekten	81

Mitglieder der Landesarbeitsgemeinschaft Bayern

Prof. Dr. Willi Guthsmuths, München, Leiter
Dipl.-Volkswirt Günter Stoewer, München, Geschäftsführer (m. d. W. b)
Prof. Dr.-Ing. Gerd Albers, München
Prof. Dr. Otto Barbarino, München
Dipl.-Volkswirt Ludwig Baudrexl, München
Prof. Dr. Reinhold Brenneisen, München
Dipl.-Volkswirt Robert Färber, Bayreuth
Dr. Hanns Fischler, Ansbach
Prof. Dr. Karl Förster, München
Dipl.-Volkswirt Leo Geiger, Regensburg
Prof. Dr. Sigurd Klatt, Würzburg
Dr. Jürgen Kraft, München
Dr. Hans von Krezmar, Landshut
Dipl.-Volkswirt Max Küspert, Würzburg
Dr. Klaus Mayer, München
Prof. Dr. Dr. Wilhelm Meinhold, München
Prof. Dr. Gottfried Müller, München
Prof. Dr. Karl Oettle, München
Dr. Eberhard Reichel, München
Architekt Ing. Hubert Rösler, Waldkraiburg
Prof. Dr. Karl Ruppert, München
Prof. Dr. Franz Schaffer, München
Dr. Heinrich Scheuring, München
Dipl.-Ing. Winfried Terhalle, München
Dr. Karlheinz Witzmann, München

Der Forschungsausschuß stellt sich als Ganzes seine Aufgaben und Themen und diskutiert die einzelnen Beiträge mit den Autoren. Die wissenschaftliche Verantwortung für jeden Beitrag trägt der Autor allein.

Vorwort

Zur Ausgangslage dieser Untersuchung sind die folgenden Vorbemerkungen zu machen: Die vorliegende Veröffentlichung „LAG Bayern 2" erfüllt mit ihrem Titel „Zur Standortproblematik in der regionalen Energiewirtschaft" einen der Landesarbeitsgemeinschaft Bayern der Akademie für Raumforschung und Landesplanung vor geraumer Zeit erteilten Forschungsauftrag, für den als Thematik gewählt wurde „Raumwirtschaftliche Probleme bei der Kraftwerksplanung — Faktoren und Daten im Hinblick auf Zielsetzungen der Energiepolitik ausgewählter Regionen mit besonderer Berücksichtigung des Raumbedarfs und der Standortqualität in stromverbrauchsorientierten Räumen".

Die Anregung zu diesem Forschungsauftrag entsprang nicht zuletzt der Einsicht, daß es sich für die Landesarbeitsgemeinschaft Bayern als besonders lohnend erweisen müßte, die in der Veröffentlichung „Raum und Energie 1" unter dem Titel „Probleme der energiewirtschaftlichen Regionalplanung" (Band 44 der Forschungs- und Sitzungsberichte der Akademie für Raumforschung und Landesplanung) mehrfach angesprochenen Standortfragen unter regionalplanerischen Aspekten mit Bezug auf die raumstrukturellen Gegebenheiten des Freistaats Bayern zu untersuchen.

Diese Überlegung führte einmal zu einer Aufgliederung des Stoffes, wie er in den Beiträgen dieser Veröffentlichung seinen Niederschlag gefunden hat, und zum anderen zur Wahl eines Titels, der in kurzer Formulierung, und dabei so konkret wie möglich, den tragenden Inhalt der Arbeiten von Dipl.-Ing. A. SCHULLER, Dipl.-Ing. W. PIETZSCH und Dipl.-Ing. A. BACHMAIR wiedergeben will. Mit ihren Beiträgen, die auf ihre Zugehörigkeit zur LAG Bayern in der Zeit der Erteilung des Forschungsauftrages zurückreichen, legen sie u. a. die Untersuchungsergebnisse über Wesen und Bedeutung der Standortwahl und der Standortfaktoren bei Kraftwerksneuplanungen aus regionalplanerischer und raumwirtschaftlicher Sicht vor. Zur Untermauerung des Zentralitätswerts der regionalen Energieerzeugung und -versorgung wird die vorliegende Untersuchung durch die Beiträge von Dr. KH. WITZMANN über Oberbayern und von Dr. H. FISCHLER über Mittelfranken in der gleichen Weise ergänzt, wie es mit dem Beitrag von Dipl.-Volkswirt L. GEIGER über die Oberpfalz in „Raum und Energie 1" (Forschungs- und Sitzungsberichte, Band 44) bezweckt wurde. Auf die dieser Regionaluntersuchung beigegebene Karte über die Kraftwerksstandorte und Übertragungsanlagen in Bayern ist im Zusammenhang mit den Regionalbeiträgen über Oberbayern und Mittelfranken besonders zu verweisen.

Zu den Vorbemerkungen im Rahmen dieses Vorworts gehört noch folgendes: In Form eines Hinweises soll der Zusammenhang mit früheren Veröffentlichungen der Akademie für Raumforschung und Landesplanung aus dem Bereich der Energieplanung aufgezeigt werden, zu denen insbesondere der Inhalt des Bandes XXXVIII „Energiewirtschaft und Raumordnung" (6. Wissenschaftliche Plenarsitzung 1966) gehört.

Schließlich steht das Vorwort insgesamt zugleich aber auch an Stelle einer Einführung in die Aufgabenstellung des oben zitierten Forschungsauftrages. Und nur in diesem Sinne ist der Titel des ersten Beitrages zu verstehen.

München, im September 1972

Willi Guthsmuths

Raumwirtschaftliche Probleme im Bereich der regionalen Energiewirtschaftspolitik

von

Willi Guthsmuths, München

I. Allgemeines zur raumbezogenen Energieversorgung

Die Komplexität der Versorgunslage auf dem Energiesektor läßt sich am besten an den Zahlen einer Großraumwirtschaft ablesen, weil sie zugleich die Problematik in den nationalen Raumeinheiten aufzeigt. Das Bonner Büro der Europäischen Gemeinschaften (EG) veröffentlichte in seinen Dezember-Mitteilungen 1971 für die sechs Gründungsstaaten der EWG folgende Verbrauchszahlen für das Jahr 1970 (in Mrd. kWh):

	EG	BRD	F	I	NL	B	L
Bruttoerzeugung	580,3	242,6	146,8	117,4	40,9	30,5	2,1
Bruttoverbrauch	593,2	250,4	146,3	121,4	40,5	30,9	3,7
Industrie	317,5	127,5	80,2	69,1	19,6	19,1	2,0
Verkehr	19,0	7,9	5,8	3,6	0,9	0,7	0,0
Haushalt	97,5	43,1	21,2	19,4	8,7	4,9	0,2
tertiärer Sektor	86,6	40,0	22,9	13,2	7,3	3,0	0,2
Prokopfverbrauch	3256	4250	2984	2288	3463	3370	7697

Der auffallend hohe Prokopfverbrauch im Großherzogtum Luxemburg erklärt sich aus der raumökonomischen Geschlossenheit dieses Staatsgebiets und der preiswerten Darbietung elektrischer Energie aus Wasserkraft. Ein anderes interessantes Bild zeigt — nach derselben Quelle — ein Vergleich der Entwicklung der einzelnen Primärenergieträger in der EWG (in GWh = Mio.kWh):

		1969	1870	Veränderungen 1970/69	
				absolut	relativ
	Gesamte Nettoerzeugung	513 866	550 378	+ 36 512	+ 7,1 %
	Wasserkraft	110 043	116 270	+ 6 227	+ 5,7 %
	Erdwärme	2 578	2 546	− 32	− 0,2 %
	Kernenergie	10 978	14 212	+ 3 234	+ 29,5 %
	Klassische Wärmekraft	390 267	417 350	+ 27 083	+ 6,9 %
davon	Steinkohle	162 706	143 747	− 18 959	− 11,6 %
	Braunkohle	55 096	56 413	+ 1 317	+ 2,4 %
	Mineralöl	118 076	145 731	+ 27 655	+ 23,4 %
	Erdgas	32 182	46 572	+ 14 390	+ 44,7 %
	Sonstige Brennstoffe	22 207	24 887	+ 2 680	+ 12,1 %
Öffentliche Elektrizitätswirtschaft		375 557	404 789	+ 29 232	+ 7,8 %
Selbsterzeuger		138 309	145 589	+ 7 280	+ 5,3 %

Diese Zusammenstellung bestätigt einmal mehr den seit einigen Jahren anhaltenden Steigerungsanteil der Primärenergieträger Mineralöl und Erdgas. Die Entwicklung des Versorgungsanteils der öffentlichen Elektrizitätswirtschaft von 1969 auf 1970 mit einer Steigerung von 7,8 % unterstreicht eine von den Fachexperten — auch für die BRD — ebenso aufgestellte Prognose, die auch den regionalen und sektoralen Darstellungen dieser Veröffentlichung zugrundegelegt worden ist. Damit wurde den Zielsetzungen der gesamten Untersuchung eine übereinstimmende Ausgangslage gegeben. Diese Feststellung erhält dadurch ihre besondere Bedeutung, daß — nach „Informationen" der Vereinigung Deutscher Elektrizitätswerke (VDEW) — die Verbrauchssteigerung aus dem öffentlichen Netz auch im Jahre 1971 bei etwa 7,8 % gegenüber 1970 lag. Die VEDW hat dazu erklärt: Um den wachsenden Elektrizitätsbedarf weiterhin ebenso ausreichend und sicher decken zu können wie bisher, seien weitere neue Erzeugungsanlagen mit einer gesamten Leistung von 2100 MW in Betrieb genommen worden. Die gesamte Kraftwerksleistung der öffentlichen Versorgung habe damit eine Höhe von 35 800 MW, davon rund 31 400 MW in den Wärmekraftwerken und 4400 MW in den Wasserkraftwerken, erreicht (vgl. a. „Atom-Informationen", 2/1972).

Es dürfte kein Zweifel mehr darüber bestehen, daß die elektrische Energie am ständigen Verbrauchsanstieg einen zunehmenden Anteil haben wird. So kann unterstellt werden, daß sich die derzeitige Kraftwerkskapazität bis zum Jahre 1980 etwa verdoppeln und bis zum Jahre 2000 eine MW-Leistung von über 200 000 erreichen dürfte. Wie über diese Größenordnungen besteht auch in der fachlichen Beurteilung und in der Bekanntgabe ihrer Ergebnisse darüber keine Meinungsverschiedenheit mehr, daß die Kernenergie in steigendem Maße an der Deckung des Energiebedarfs beteiligt sein wird. Hierzu kann einer Stellungnahme des Hauptausschusses zur Standortbestimmung von Kernkraftwerken — bei der Ministerkonferenz für Raumordnung — entnommen werden, daß „nach neuesten Schätzungen in der BRD im Jahre 1980 etwa 20 000 MW-Leistung in Kernkraftwerken installiert sein werden" (vgl. „betrifft", Heft 11 der „Öffentlichkeitsarbeit des Bundesinnenministeriums", Bonn 1971), das heißt, daß die Kernkraftwerkskapazität im ersten Jahrzehnt ihren Leistungsanteil an der Stromerzeugung auf mehr als 20 % erhöhen muß. Wegen der grundsätzlichen Bedeutung, die die Kernenergie für die Sicherung der steigenden Versorgunsansprüche auf dem Elektrizitätssektor haben wird, sollen die hierzu am 16. Juni 1971 von der Ministerkonferenz für Raumordnung (Quelle s. oben) verabschiedeten Leitsätze unsere Betrachtungen über allgemeine Fragen zur raumbezogenen Energieversorgung für den Kernenergiebereich unterstreichen; raumstrukturelle Ergänzungen folgen an anderer Stelle.

(I.) Bedeutung von Kernkraftwerken aus der Sicht der Raumordnung

1. Die elektrizitätswirtschaftliche Erschließung ist für die strukturelle Entwicklung von Wirtschaftsräumen von erheblicher Bedeutung. Als Faktor der raumwirtschaftlichen Standortorientierung kommt ihr, ebenso wie dem Verkehrswesen und der Wasserwirtschaft, maßgebliche Bedeutung zu.

2. Kernkraftwerke mit niedrigen Stromerzeugungskosten können in der Nähe gelegene Abnehmer mit großem elektrischen Leistungsbedarf und hoher Benutzungsdauer preisgünstig beliefern und bieten damit Anreize für die Neuansiedlung stromintensiver Großverbraucher; dies gilt jedoch nicht für andere Betriebe mit geringer Benutzungsdauer und Leistung, die nur zu den Strompreisen vergleichbarer Abnehmer des jeweiligen Versorgungsunternehmens beliefert werden können. Ferner kommen Kernkraftwerke auch als Lieferanten von Prozeßwärme für Wärmegroßverbraucher (Chemie und Metallurgie) in Betracht. Infolgedessen können Kernkraftwerke über die Stromerzeugung hinausgehende preisgünstige Energielieferungen bewirken, sofern entsprechende Industrieunternehmen in unmittelbarer Nähe vorhan-

den sind oder sich unter Berücksichtigung eines jeweils festzulegenden Sicherheitsabstandes ansiedeln.

3. In welchem Umfang darüber hinaus schwach strukturierten Gebieten durch Errichtung von Kernkraftwerken ein Impuls gegeben werden kann, hängt davon ab, inwieweit diese Gebiete die in einem Kernkraftwerk erzeugte Energie abnehmen können, da eine Fortleitung der Energie zusätzliche Kosten und Energieverluste verursacht. Der Anreiz niedriger Strompreise darf nicht überschätzt werden, weil die Kosten der elektrischen Energie in der verarbeitenden Industrie im Durchschnitt nur 1,5 % des Umsatzes betragen. Lediglich einige stromintensive Zweige der Grundstoffindustrie und der Großchemie kommen auf wesentlich höhere Anteile.

4. Für den Betrieb von Kernkraftwerken sind verhältnismäßig wenig Arbeitsplätze erforderlich. Dementsprechend besteht nur ein geringer Folgebedarf an Infrastruktureinrichtungen (Wohnungen, Schulen, Einkaufsmöglichkeiten, Einrichtungen des Sozialwesens usw.). Insofern gehen von Kernkraftwerken unmittelbar — anders als von personalintensiven Unternehmen und Einrichtungen — nur relativ geringe strukturverbessernde Impulse aus.

(II.) Standortfaktoren

1. Kernkraftwerke können heute in der Regel erst mit einer Blockleistung ab 600 MW wirtschaftlich betrieben werden. Für diese großen Leistungen besteht Bedarf vor allem an Verbrauchsschwerpunkten. Bei Anlagen, die vorwiegend oder ausschließlich der Erzeugung von Prozeßwärme dienen, können unter Umständen auch Einheiten geringerer Leistung bereits wirtschaftlich arbeiten.

Da Kernkraftwerke standortmäßig nicht an Vorkommen von Bodenschätzen oder günstigen Transportmöglichkeiten für den Brennstoff gebunden sind, kann das Kriterium der verbrauchsnahen Orientierung und damit der Einsparung von Energietransportkosten im Rahmen der Standortwahl stärker berücksichtigt werden als bei konventionellen Kraftwerken. Anlagen zur Heiz- oder Prozeßwärme kommen aus technischen Gründen ohnehin nur in der Nähe des Verbraucherortes in Betracht.

Ein weiterer wichtiger Standortfaktor ist die günstige Lage zum elektrischen Verbundnetz. Im Hinblick auf die Größe der Blockleistung ist ein Anschluß an das im Ausbau befindliche 380 kV-Netz erforderlich. Hierdurch kann auch bei etwaigen Ausfällen eines Kernkraftwerkes die Reserveleistung aus dem Verbundnetz zur Verfügung gestellt werden. Standorte in der Nähe eines vorhandenen oder in absehbarer Zeit zur Verfügung stehenden Knotenpunktes im 380 kV-Netz werden sich daher kostensparend auswirken.

2. Die Frage des Schutzes der Bevölkerung gegen schädliche Auswirkung ist für die raumordnerische Beurteilung eines Standortes von besonderer Bedeutung. Die Ausweisung eines Sicherheitsabstandes zwischen Kernkraftwerken und bebauten Gebieten aufgrund der Anforderungen durch die dafür zuständigen Stellen hat raumstrukturelle Folgen, die bei der Standortauswahl eines Kernkraftwerkes zu brücksichtigen sind.

Ferner ist darauf zu achten, daß Kernkraftwerke nicht in der Nähe von wichtigen Verteidigungsanlagen und Flugplätzen sowie Anlagen liegen, die bei Unglücksfällen eine Beschädigung der Sicherheitsanlagen des Kernkraftwerkes verursachen könnten.

3. Beim Bau und Betrieb von Kernkraftwerken sind, wie auch bei anderen Kraftwerken, die ökologischen Belange der Landschaft zu berücksichtigen. Bei nicht vermeidbaren Eingriffen in den Landschaftshaushalt sind Maßnahmen der Landschaftsordnung erforderlich.

4. Von erheblicher Bedeutung ist die Verfügbarkeit von Kühlwasser. Kernkraftwerke benötigen heute noch mehr Kühlwasser als gleichgroße Kraftwerke konventioneller Bauart. Wegen des hohen Kühlwasserbadarfs und der technischen und wirtschaftlichen Vorteile der Frischwasserkühlung werden Kraftwerke, sofern keine anderen Gesichtspunkte überwiegen, vorzugsweise an größeren Gewässern errichtet. Rückkühlverfahren erlauben es jedoch— wenngleich unter höheren Kosten für die Stromerzeugung —, auch Standorte abseits größerer Gewässer zu wählen bzw. die Wärmeabführung zu reduzieren, wenn die Frischwassermengen nicht ausreichen oder durch die Einleitung größerer Kühlwassermengen ein Gewässer geschädigt werden könnte.

Bei der Ableitung des entnommenen Kühlwassers ist die Belastbarkeit des Gewässers durch Wärme und radioaktive Stoffe zu berücksichtigen ,wobei die thermische Belastung der Gewässer besonders gefährlich ist. Sie bringt eine Gefährdung des biologischen Gleichgewichts in den Gewässern und damit ihrer Selbstreinigungskraft mit sich, die vermieden werden muß. Maßgeblich für die Belastbarkeit des Gewässers ist nicht die Einleitung durch das einzelne Kraftwerk, sondern die Summe sämtlicher Belastungen.

Es wird sich empfehlen, Vorfluterlastpläne und Richtlinien für die thermische Emission in die Gewässer aus industriellen Anlagen sowie zum Zwecke des Gesundheitsschutzes vor schädlichen Stoffen aufzustellen, wie sie z. B. für den Rhein bereits vorbereitet werden.

5. Die meteorologischen Verhältnisse sollen eine gute Durchlüftung der Landschaft gewährleisten; die Einflüsse von Inversionswetterlagen dürfen nur gering sein. Kernkraftwerke sollen nicht in der Hauptwindrichtung großer Siedlungsgebiete errichtet werden. Allerdings sollte auch nicht verkannt werden, daß Kernkraftwerke beim Betrieb nur kontrollierte und für die Bevölkerung ungefährliche Mengen von Radioaktivität abgeben, im Gegensatz zu konventionellen Kraftwerken, die die Umwelt mit mehr oder weniger großen Mengen Schwefeldioxyd und Kohlendioxyd belasten.

(III.) Folgerungen und Maßnahmen der Raumordnung

1. Zusammenfassend kann gesagt werden, daß sich die besonderen Probleme der Standortbestimmung von Kernkraftwerken gegenüber konventionellen Kraftwerken oder sonstigen emittierenden Industrieanlagen bei den Fragen des Schutzes der Bevölkerung gegen Einwirkungen durch möglicherweise freigesetzte radioaktive Stoffe sowie der Belastbarkeit der Gewässer durch radioaktive Abwässer stellen. Damit eine Verstärkung dieser Problematik bei Standorthäufung von Kernkraftwerken vermieden wird, sind vor der Festlegung des Standortes für eine einzelne Anlage die Anliegen des größeren Raumes zu beachten.

2. Mit der Einleitung des Kühlwassers in Gewässer sind in der Regel Probleme verbunden, die über den regionalen Rahmen hinausgehen. In solchen Fällen ist eine Erörterung zwischen den beteiligten Bundesländern, evtl. auch zwischen Bund und Ländern und/oder Nachbarstaaten, notwendig.

3. Im Hinblick auf die sich abzeichnende energiewirtschaftliche Entwicklung sollte bei der Aufstellung von Programmen und Plänen der Raumordnung und Landesplanung auf die zunehmende Bedeutung von Kernkraftwerken Bedacht genommen werden.

4. In welchem Umfang spezifische raumplanerische Maßnahmen bei Genehmigung der einzelnen Kernkraftwerke durchzuführen sind, läßt sich nur anhand des einzelnen Falles beurteilen. Die Entscheidung hierüber obliegt den im Genehmigungsverfahren zu beteiligenden Landesplanungsbehörden.

5. Es ist nicht zu verkennen, daß die Auswirkungen der Kernkraftwerke noch nicht genügend erkannt sind. Deshalb sollte die Forschung sich stärker als bisher den unmittelbaren und mittelbaren Folgen von Kernkraftwerken annehmen und insbesondere versuchen, die technischen Einrichtungen so zu gestalten, daß schädliche Auswirkungen auf ein Mindestmaß herabgesetzt werden.

Zu einem Überblick über die allgemeinen Fakten und Daten der raumbezogenen Energieversorgung gehört auch ein Blick in die Situation, in der sich die Mineralölindustrie befindet, und das besonders in dem Zeitpunkt, in dem die Kernenergie erkennen läßt, daß sie in der Lage und versorgungswirtschaftlich berufen ist, einen entscheidenden Beitrag zur Sicherung der energiewirtschaftlichen Zielsetzungen in den kommenden zwei Jahrzehnten zu leisten. Aufschlußreich für die energieplanerische Konzeption der Mineralölindustrie waren die Aufwands- und Investitionszahlen, die u. a. die ESSO im Oktober 1970 bekannt gegeben hat (Mitteilungen der Esso A.G., Presse- und Informationsabteilung, Hamburg 1970). Danach schätzt dieses Mineralöl-Unternehmen, daß der Primärenergieverbrauch von rd. 345 Mio. t SKE im Jahre 1970 auf rd. 560 Mio. t SKE im Jahre 1980 steigen wird, wobei nach den bisherigen Steigerungsanteilen angenommen wird, daß das Mineralöl davon rd. 60 % zu decken haben wird. Die Prognose nimmt weiterhin an, daß der größte Teil davon aus der deutschen Raffineriekapazität zu entnehmen sein wird. Um dieses Versorgungsziel planmäßig zu erreichen, müssen allerdings bis 1980 ganz erhebliche Betriebs- und Finanzleistungen erbracht

werden, für die die ESSO betriebswirtschafts- und standortpolitisch folgendes Zahlenwerk vorgelegt hat (Quelle s. oben):
1. Mit einem Aufwand von rd. 4 Milliarden DM muß die Raffineriekapazität von 115 auf 220 Mio. t ausgebaut werden. Etwa 0,5 Mrd. DM müssen zusätzlich für die Beschaffung von Grundstücken aufgewendet werden.
2. Da rd. 90 % des Rohöls importiert werden, muß der Bewältigung des Transportproblems größte Aufmerksamkeit entgegengebracht werden. Die Vorausschätzung dafür liegt bei rd. 5 Mrd. DM für 40 Tanker zu je 250 000 tdw.
3. Das bestehende Rohrleitungssystem in der BRD muß ausgebaut werden. Kosten dafür etwa 2,5 Mrd. DM.
4. Die zu erwartende Verbrauchssteigerung löst die Haltung größerer Lagerbestände aus; zudem zwingt die gesetzliche Bevorratungspflicht ebenfalls dazu. Die Grundstücksbeschaffung hierzu wird rd. 1,5 Mrd. DM erfordern und die Kapitalbildung durch die erhöhte Lagerhaltung wird denselben Betrag ausmachen.
5. Für die technische Rationalisierung der Tankstellen und für den Bau von Betankungs-Großstationen nimmt die kalkulatorische Vorausschätzung rd. 3 Mrd. DM an. Ein Betrag in mindestens gleicher Höhe wird für die Verbesserung der Versorgungsleistungen in den übrigen Vertriebsbereichen eingesetzt.

In einer Zusammenfassung stellt die Prognose der ESSO fest, daß in den nächsten 10 Jahren etwa 22 Mrd. für Investitionen aufzubringen sein werden. Die Anforderungen an die finanzielle Leistungskraft werden aber bestimmt noch höher sein, weil die Mineralölgesellschaften auch am Ausbau des Erdgasnetzes und der damit zusammenhängenden sonstigen Investitionen wesentlich beteiligt sind. Hierzu folgen später noch besondere Ausführungen aus regionaler Sicht.

Die Anstrengungen zur Sicherung der Energieversorgung zeigen in jüngster Zeit — fast zur Überraschung vieler Energiepolitiker — eine neue Entwicklungstendenz zur Einschaltung der Kohle in die Elektrizitätsbedarfsdeckung. So ist z. B. nicht auszuschließen, daß quantitative und qualitative Kriterien bei Standortüberlegungen dazu geführt haben, daß bei der Nordwestdeutsche Kraftwerke A.G. (VEBA-Konzern) eine Entscheidung dafür gefallen ist, bei Wilhelmshaven ein Kraftwerk mit 700 MW-Leistung auf der Basis polnischer und südafrikanischer Steinkohle zu errichten. Bei sehr langfristigen Lieferverträgen hat diese Importkohle — bezogen auf die WE — einen beachtlichen Kostenvorsprung gegenüber der Ruhrkohle, was offensichtlich entscheidend für die Wahl des Kraftwerkstyps und der Standortorientierung war. Zudem bieten sich für Küstenkraftwerke erfahrungsgemäß Standortvorteile unter raumwirtschaftlichen Aspekten in bezug auf die Lösung der Kühlwasserfrage an. Die Beantwortung der Frage, ob diese Standortwahl eine neue Epoche für den Bau thermischer Kraftwerke auf Steinkohlenbasis einleiten wird, kann wohl erst nach den Erfahrungen mit dem betriebs- und außenwirtschaftlich bestehenden Risiko gegeben werden. Da sowohl polnische als auch südafrikanische Steinkohle verfeuert werden soll, kann darin die Absicht gesehen werden, das in der weiträumigen Brennstoffabhängigkeit liegende Risiko zu mindern.

II. Besonderes zur raumwirtschaftlichen Entwicklung

Die starke Zunahme von Mineralöl und Erdgas als Energieträger im Gesamtrahmen der Nettoerzeugung — sie lag nach der eingangsgegebenen Übersicht von 1969 auf 1970 für Mineralöl bei 23,4 % und für Erdgas bei 44,7 % — blieb nicht ohne Einfluß auf die raum- und betriebsstrukturelle Entwicklung. Die energiewirtschaftlichen Entwicklungstendenzen werden mit den Ergebnissen der Regionaluntersuchungen für Oberbayern und

Mittelfranken eindeutig belegt. Sie können als Modellräume sowohl für stadträumliche Verdichtungszonen mit herausragenden Betriebskonzentrationen für stromverbrauchsorientierte Produktions- und Leistungsprozeße als auch für landräumliche Gebiete mit negativen Merkmalsfaktoren industriell-gewerblich schwach strukturierter Teilregionen, z. B. Westmittelfranken, bezeichnet werden.

Unter dem Aspekt landesplanerischer Zielsetzungen im Bereich der Standortverbesserungen ist für die nordbayerischen Regionen die Erdgas-Hochdruckleitung von Würzburg nach Nürnberg zu werten. Nach energieaufsichtlicher Prüfung und Genehmigung des Planungsvorhabens durch das Bayerische Staatsministerium für Wirtschaft und Verkehr wird nach Abschluß des Raumordnungsverfahrens 1974 mit dem Bau begonnen werden können. Diese rd. 120 km lange Leitung wird mit ihrer im Jahresdurchschnitt bei etwa 1 Mrd. cbm liegenden Transportkapazität eine neue raumwirtschaftliche Entwicklung einleiten. Das Projekt liegt zugleich auf der im Bayerischen Landesplanungsgesetz verankerten Forderung nach Bildung von ökonomischen Raumachsen als Instrumente einer zukunftsorientierten Regionalplanung.

In diesen Zusammenhang gehören auch die zu Beginn des Jahres 1972 bekanntgewordenen Bemühungen um einen weiteren Erdgaslieferungsvertrag mit der UdSSR. In zwei voraufgegangenen Verträgen sind insgesamt 7 Mrd. cbm jährlich zur Lieferung vereinbart, die bis 1979 erreicht werden sollen und über das ganze bayerische Staatsgebiet verteilt sein werden. Für den Fall, daß es zum Abschluß eines dritten Erdgaslieferungsvertrages mit der UdSSR kommt, müßte eine neue Rohrleitung verlegt werden. Denn die im Bau befindliche Rohrleitung, mit der im Oktober 1973 der Transport russischen Erdgases zur Erfüllung der beiden ersten Vereinbarungen beginnen soll, erreicht mit 7 Mrd. cbm ihre optimale Tragfähigkeit. Nach weiteren Vorstandsmitteilungen der Ruhrgas A. G., als Trägerin des gesamten Objektes, wird diese Unternehmung im Rahmen ihres energiewirtschaftlichen Investitionsprogramms in Bayern nach bereits aufgewendeten rd. 100 Mio. DM in den nächsten drei Jahren weitere 200 Mio. DM investieren. Der Ausbau des Rohrleitungsnetzes und die Erstellung von Sammel- und Verteilungsanlagen könnte im Zuge eines dritten Lieferungsvertrages auch die an Bayern angrenzenden Regionen Baden-Württembergs wirtschaftsbelebend fördern helfen. Eine in Januar 1970 durchgeführte Gemeinschaftstagung der Landesarbeitsgemeinschaften Bayern und Baden-Württemberg der Akademie für Raumforschung und Landesplanung ist gerade in bezug auf die raumwirtschaftliche Entwicklung durch grenzüberschreitende Planungen zu bemerkenswert positiven Ergebnissen gekommen. Das Vortrags- und Diskussionsmaterial darüber liegt als vervielfältigtes Manuskript bei den beiden Landesarbeitsgemeinschaften vor. Es zeigt u. a. die raumausfüllenden und regionalwirtschaftlich belebenden Wirkungen, die von einer energiewirtschaftlichen Erschließung durch Nutzungsmöglichkeiten von zusätzlicher Primärenergie zu erwarten sind.

Auf dem Gebiet der praktischen Landesentwicklung hat sich die grenzraumtheorethische Zielsetzung inzwischen insofern ausgewirkt, als ein Erdgasverbund in folgender Weise zustandegekommen ist: Die bayerischen und baden-württembergischen Ferngasleitungsnetze werden im Laufe des Jahres 1972 zu einem geschlossenen Verbundsystem zusammenwachsen. Die Gasversorgung Süddeutschland GmbH (GVS) in Stuttgart und die Bayerische Ferngas-Ges.mbH (Bayern Gas) in München haben mit Wirkung vom 1. Oktober 1972 vereinbart, daß niederländisches und norddeutsches Erdgas zur Versorgung Südbayerns über Ulm an die „Bayern-Gas" geliefert und dafür ab 1976 bis etwa 1980 russisches Erdgas über die Leitung der „Bayern-Gas" bezogen wird.

Wie großraumwirtschaftlich sich der Gasverbund durch Fernleitungen in den mitteleuropäischen Kerngebieten auszudehnen beginnt, kann beispielhaft mit dem Hinweis belegt werden, daß die GVS mit der Schweizerischen Ferngasgesellschaft Mittelland A.G. in Basel einen Erdgaslieferungsvertrag vereinbart hat, mit dem sich die GVS in den kontinentalen europäischen Ferngasverbund integriert. In zunehmendem Maße beginnt neben dem Strom nun auch Erdgas die Staatsgrenzen zu überschreiten. Es wird zum Gegenstand kontinentaler Raumplanungen — mit nachhaltigen raumwirtschaftlichen Auswirkungen in den beteiligten Verbrauchsländern —, wenn man sich die standortpolitischen Impulse vergegenwärtigt, die allein durch die sowjetische „Transeuropa-Pipline" mit ihrer Durchsatzkapazität von rd. 28 Mrd. cbm Erdgas pro Jahr ausgelöst werden. Diese Transeuropa-Erdgasleitung hat ihre Förderbasis in der West-Ukraine, führt mit einer nördlichen Abzweigung durch die Tschechoslowakei in die DDR und in die Bundesrepublik Deutschland und mit einer südlichen Abzweigung nach Österreich und Italien. Diese kurze Skizzierung einer umfassenden Erdgaskonzeption zur Versorgung großer Räume zeigt beispielhaft die energiewirtschaftlichen Zusammenhänge, die über Staatsgrenzen hinweg zwischen raumordnungspolitischen und energieplanerischen Zielsetzungen bestehen.

Ein landesplanerisch fundiertes Erdgasverbundnetz wäre seiner außenwirtschaftlichen Risiken wegen zwar problematisch, mit einem Blick auf die raumökonomischen Besonderheiten jedoch interessant genug, um es zum Tragen zu bringen. Es könnte neben den energiewirtschaftlichen Erfahrungen, die die „Deutsche Verbundgesellschaft" (DVG) als überbetriebliche Institution der neun größten deutschen Stromversorgungsunternehmen auf dem Gebiete der Elektrizitäts-Versorgung und der Sicherung des technischen Verbundbetriebes im Bereich der Stromverteilung gesammelt hat, auch organisationstechnisch und landesentwicklungsmäßig im Sinne eines Vergleichs der Raumkapazitäten insofern Nutzen ziehen, als am Ende eines europäisch-kontinentalen Erdgasverbundnetzes eine zweite energiesichernde Einrichtung stehen sollte, wie es heute schon die „Union für die Koordinierung der Erzeugung und des Transports elektrischer Energie" (UCPTE) ist, in deren Netz der deutsche Verbundbetrieb integriert ist. In der UCPTE sind Belgien, die Bundesrepublik Deutschland, Frankreich, Italien, Luxemburg, die Niederlande, Österreich und die Schweiz zusammengeschlossen; mit Grenz- und Teilregionen sind Spanien, Portugal, Jugoslawien und Dänemark dem europäischen Stromverbundnetz angeschlossen.

Für eine zukunftsorientierte Energieplanung zeichnet sich eine auf regionalen Raumeinheiten basierende Verbundversorgung mit Strom und Gas ab, die von den Raumkapazitäten der in der UCPTE und der im COMECON-Block vereinten Staaten zu tragen sein wird.

Daß der Problembereich von „Raum und Energie" neben den regionalwirtschaftlichen Aspekten auch eine starke Verzahnung von Raumordnung und Betriebswirtschaftpolitik beinhaltet, wird mit der neuen deutsch-sowjetischen Vereinbarung belegt, die Anfang Juli 1972 unterzeichnet worden ist. Es handelt sich dabei um den zweiten Röhrenlieferungsvertrag, bei dem es um die Wiederholung des schon beim ersten Röhrenlieferungsvertrag abgeschlossenen Dreiecksgeschäfts aus dem Jahre 1970 geht. Grundlage ist der Bezug von Großrohren für den Erdgastransport bei entsprechender Aufrechnung von geliefertem Erdgas. Nach der ersten Vereinbarung wird — der Baufortschritt spricht für die Einhaltung des Termins — das erste russische Erdgas Anfang Oktober 1973 bei Marktredwitz in der Oberpfalz in die BRD einströmen. Die finanzielle Basis dieses raumgreifenden Projekts ist durch ein Bankenkonsortium unter Führung der Deutschen

Bank gesichert, die industriellen Partner sind, wie beim ersten Röhrenvertrag, die Ruhrgas A. G. und die Mannesmann-Röhrenwerke A. G.

Ein Blick in die hochgradig negative bayerische Energiebilanz läßt erkennen, daß Mineralöl und Erdgas allein die große Energielücke bei weitem nicht schließen werden. Vielmehr wird, wenn die raumwirtschaftliche Entwicklung gesichert bleiben soll, die Kernenergie mit ihrem umweltfreundlichen Erzeugungsprozeß zu einem erheblichen Teil, wie in einem anderen Zusammenhang schon betont wurde, zur Bedarfsdeckung beitragen müssen. Auf der Jahresversammlung 1972 des Verbandes Bayerischer Elektrizitätswerke gab sein Vorsitzender, Dr. RIEMERSCHMID, den Kernkraftwerken, offensichtlich auch nicht nur für den Freistaat Bayern, die größten Zukunftschancen. Er befindet sich damit in voller Übereinstimmung mit einer Situationsbeurteilung, die Prof. Dr. Dr. MANDEL bereits 1965 anläßlich eines Vortrages über „Die Rolle der Kernenergie für die Elektrizitätswirtschaft der BRD in den 70er Jahren" im DECHEMA-Haus in Frankfurt a. M. vorgenommen hatte. Für unsere Thematik interessiert dabei besonders die erkennbare Entwicklungstendenz der Anteile der Primärenergieträger, die an anderer Stelle bereits für die großraumwirtschaftliche Versorgunslage gegeben worden ist. Die gesamte Entwicklung entspricht nach mehr als 15 Jahren der 1965 skizzierten Vorhersage. Dr. RIEMERSCHMID (Quelle s. oben) gab 1972 für die Aufwands- und Leistungsseite folgendes Zahlenbild: „Wegen ihrer Versorgungspflicht stehen die Energieerzeugungsgesellschaften unter einem erheblichen Investitionszwang. 1971 betrug der Aufwand in der Bundesrepublik bereits 6,1 Mrd. DM, in Bayern 800 Mio. DM. In diesem Jahre (1972 der Verf.) werden es 20 % mehr sein. Damit investiert die Energiewirtschaft fast soviel wie die chemische und die eisenschaffende Industrie in der Bundesrepublik. Um den ständig steigenden Strombedarf zu sichern, werden bis 1977 in Bayern voraussichtlich 6, im Bundesgebiet 22 Kernkraftwerke elektrischen Strom erzeugen."

Die Zahl der Kernkraftwerke deckt sich bei Ausdehnung der Ablaufperiode um etwa 2 bis 3 Jahre mit dem Ergebnis einer Erhebung, die nach dem Stand vom März 1972 von der Zeitschrift „Atomwirtschaft" — veröffentlicht unter dem Titel „Neue Kernkraftwerke in der BRD" — durchgeführt worden ist. Unter dem Aspekt der Standortwahl ist, trotz der steigenden Schwierigkeiten mit dem Kühlwasser, bemerkenswert, daß nach dieser Erhebung bis 1975 von 9 Kernkraftwerken nur ein Kernkraftwerk eine Leistung von mehr als 1000 MWe haben wird. Dagegen werden von den von 1976 bis etwa 1980 geplanten und in Betrieb zu nehmenden 13 Kernkraftwerken bereits 7 Kernkraftwerke eine Leistungskapazität von mehr als 1000 MWe je Kraftwerkseinheit haben. Die Sprunghaftigkeit, mit der die These „Immer größere Kraftwerke für immer mehr Energiekonsum" verwirklicht zu werden scheint, kann nicht treffender als mit der Tatsache gekennzeichnet werden, daß das erste Kernkraftwerk der BRD mit Einspeisung seiner Leistung in das Verbundnetz vor etwa einem Jahrzehnt als „Atomgroßkraftwerk Gundremmingen" — einem bei Günzburg gelegenen Standort an der Mündung der Mindel in die Donau — mit einer Leistung von 237 MWe bereits der Geschichte der neuzeitlichen Energiewirtschaft angehört. Dahinter verbergen sich aber raumwirtschaftliche Probleme von einer so weittragenden Bedeutung für den Beziehungsbereich von „Raum und Energie", genau genommen von „Raum und Technik", daß sich die folgenden Beiträge im einzelnen noch mit Fragen der Standortbestimmung bei neuen Kraftwerksplanungen befaßen werden.

Aus raumwirtschaftlicher Sicht soll an dieser Stelle nun noch auf eine Entwicklung hingewiesen werden, die sich im Maintal abzuzeichnen beginnt. Der Bezirksplanungsbeirat der Regierung Unterfranken hat sich im Juli 1972 mit Fragen der Standortbestimmung für zwei Kernkraftwerke befaßt, die zeitlich in das oben skizierte Energie-Regionalprogramm gehören, und zwar vorwiegend zur Deckung des Bedarfszuwachses im nordbayerischen Raum bis 1980. Es handelt sich um eine Standortplanung der Bayerischen Landeselektrizitätsversorgung (Bayernwerk) und um eine weitere der Rheinisch-Westfälischen Elektrizitätswerke (RWE), beide am Main flußabwärts von Schweinfurt gelegen. Im Beitrag von Dipl.-Ing. W. PIETZSCH wird die Problematik, die in der Errichtung neuer Kraftwerke auf traditioneller Kühlwasserbasis am Untermain liegt, aufgezeigt. Das Standortrisiko wird hier potenziert, wenn die dem Raumordnungsverfahren zugrundegelegten Größenordnungen, nämlich 2600 MWe je Kraftwerkseinheit, aufrecht erhalten bleiben. Von entscheidender Bedeutung für die besondere Situation, die sich bei Neuplanungen von thermischen Kraftwerken am Untermain ergibt, ist die Tatsache, daß diese Flußstrecke bereits zwei Kernkraftwerke (Kahl und Großwelzheim) und zwei Steinkohlenkraftwerke (Aschaffenburg und Großbrotzenburg) zu tragen hat. Damit wird die Frage der Wärmebelastbarkeit des Mains so in den Vordergrund der Standortbeurteilung gerückt, daß die aus speziellen Standortanalysen zu gewinnenden Ergebnisse — in Form eines vollkommenen Wärmelastplans — unabdingbarer Bestandteil des Raumordnungsbescheides sein müssen. Neue Standorte für Großkraftwerke mit herkömmlicher Kühlwassertechnik — und das gilt nicht nur für den Main — müssen weit mehr als es bisher der Fall war, unter Gesichtspunkten der Wärmebelastbarkeit und des Naturschutzes bestimmt werden, auch wenn die Koordinierung der energieplanerischen Notwendigkeiten mit den Erfordernissen des Landschaftsschutzes noch so schwierig erscheint. Der Schwierigkeitsgrad dieser Standortwahl dürfte zudem noch in der Lösung regionalplanerischer Zielsetzungen im hessisch-bayerischen Grenzraum liegen und die Festlegung optimaler Fakten der Raumkapazität sowie der Tragfähigkeit des Umweltbereichs erschweren. Für die sich am Untermain entwickelnde Energietrasse trifft — unter Einbeziehung der Industrie und des Verkehrs — jetzt schon die These zu: „Viel Technik auf engem Raum". Wenn die Raumbeanspruchung durch neue Großkraftwerke aber dieser These als weiteres Negativkriterium „und wenig Wasser" hinzufügen würde, dann müßte das für die Energiewirtschaft das Signal zum Umdenken in der Standortorientierung und in der Energietechnik sein. Nach dem Grundsatz über die Einheit von „Raumordnung und Umweltschutz" kann sich der Landesplaner nur wünschen, daß beides zur rechten Zeit realisiert wird.

III. Die Energietechnik als Faktor der Versorgungsplanung und Standortpolitik

Mit dieser Formulierung soll der Versuch gemacht werden, sowohl die Einflüße der Energietechnik auf die raumbezogene Standortorientierung bei Energieerzeugungsanlagen als auch die raumwirtschaftlichen Auswirkungen auf die Sicherung der Versorgungsziele aufzuzeigen. Zur Skizzierung der energiewirtschaftlichen und technischen Entwicklungstendenzen werden im Bau befindliche und in der Plaung stehende Projekte — im Sinne von Raummodellen — Gegenstand der Darstellung des energieplanerischen Strukturwandels und der veränderten Standortbedingungen sein.

Ein Blick in die Standortpolitik der Energiewirtschaft läßt erkennen, daß die industriell-gewerbliche Standortorientierung in allen Epochen der Wirtschaftsgeschichte unter dem Einfluß der Energietechnik stand. Nicht zuletzt wurde aber auch das Zeitmaß, in dem neue Primärenergieträger in den Versorgungsbereich eindrangen, von konkurrierenden Wettbewerbsverhältnissen auf dem Energiemarkt entscheidend beeinflußt. Die am Anfang dieses Beitrages bei der Darstellung der raumbezogenen Energieversorgung wiedergegebene Tabelle mit dem Entwicklungsvergleich der Primärenergieträger belegt diese Feststellung. Damit ist zugleich gesagt, daß alle Primärenergieträger gezwungen waren, und sie werden es in Zukunft noch mehr sein, sich der Erkenntnisse der technischen Rationalisierung zu bedienen, was nicht ohne Wirkung auf die Standortorientierung bei Kraftwerksneuplanungen bleiben wird. Die Entwicklung zeigt aber auch, daß der daraus resultierende technische Fortschritt zunehmend höhere Ansprüche an den Raum, und zwar nicht nur hinsichtlich der Flächenbeanspruchung, sondern ebenso auch im Hinblick auf die Umweltbeeinflußung, stellt. Das gilt bei der Standortwahl mehr oder weniger für alle Primärenergieträger, z. B. bei thermischen Kraftwerken mit der Lösung der Kühlwasserfrage, bei Untertagespeichern für Erdgas mit der Abhängigkeit von den geologischen Bedingungen, bei Raffineriezentren mit dem Rohrleitungsverbund aus überseeischen Fördergebieten und schlechthin bei Aufbereitungs- und Veredelungsanlagen aller Primärenergieträger. Unter dem Aspekt der Raumbeanspruchung gehören schließlich auch Energietrassen dazu, insbesondere dann, wenn sie das Kernstück des Leitbildes einer Raumachse, meist in Verbindung mit Schiene, Straße und/oder Wasserweg, als Instrument der Landesentwicklung bilden sollen. Beispiele dafür liefern die Flußsysteme der EWG-Indsutrieregionen in ausreichendem Maße.

Von einschneidender Bedeutung für die Fortentwicklung der preisgünstigen Energieerzeugung und der sicheren Energieversorgung war zu allen Zeiten das Bestreben, Mittel und Maßnahmen der Rationalisierung auf dem Energiesektor einzusetzen. In unserer Zeit bleibt wohl kein Raumordnungsbescheid ohne Auflagen, die dieses Mitdenken im Bereich von „Raum und Technik" zur unabdingbaren Verpflichtung für den Landesplaner macht. So gesehen leiteten elektrotechnische Vorgänge vor mehr als acht Jahrzehnten eine Epoche ein, die nicht nur zu grundlegenden Änderungen in den Auffassungen über die raumbezogene Standortwahl führte, sondern zugleich das bis dahin geltende System klassischer Standortlehrsätze — und damit in der landesplanerischen Praxis auch die traditionell gebundene Standortwahl — in Frage zu stellen begann. Dieser Wandel im standortpolitischen Problembereich vollzog sich mit der ersten Übertragung hochgespannten Drehstroms über eine Entfernung von mehr als 175 km vom Wasserkraftwerk Lauffen am Neckar zur Internationalen Elektrotechnischen Ausstellung in Frankfurt a. M. im Jahre 1891. Damit wurde ein tragendes Element der Standortbindung seines raumbezogenen Einflusses auf die Standortwahl entzogen und die Energieversorgungsplanung konnte sich weitergehende Ziele setzen. Wie die Geschichte der Energiewirtschaft zeigt, war OSKAR VON MILLER dann mit den Wasserkraftplanungen im Raum der bayerischen Alpen und in der Region des Voralpenlandes in Verbindung mit den oberbayerischen Seen und den Flußsystem der Isar und des Inn der erste Energietechniker, der folgerichtig Energieplanung forderte und auch betrieb.

Die Energietechnik mußte immer wieder neue Anstrengungen machen, um aus den bei Drehstrom entstehenden Leistungs- und Umwandlungsverlusten herauszukommen. Daß ihr das erst bei einem subkontinentalen Großprojekt versorgungsplanerisch in Verbundbetriebsform gelingen wird, kann beispielhaft mit der Erstellung des Sambesi-Staudamms bei Cabora-Bassa an der Grenze von Mozambique mit der Republik Südafrika belegt werden. Dazu teilte der Präsident des Südafrikanischen Zentralinstituts für Atomforschung und Energieplanung, Dr. ROUX, Anfang April 1971 in einem Vortrag vor deutschen Raumplanern in Pellindaba bei Pretoria mit, daß die elektrotechnische Industrie der Bundesrepublik Deutschland die Chance nutzen wird, an der Übertragung von hochgespanntem Gleichstrom über große Entfernungen — 1400 km bis Johannesburg — mitzuwirken. Die Energietechnik konnte diese Stromübertragungsart bisher nur auf Kurzstrecken in Versuchsform, so erklärte es der Vortragende, erproben. Da der Transport von hochgespanntem Gleichstrom betriebstechnisch kaum bemerkenswerte Energieverluste hat, wird die Standortfrage von Kraftwerken damit künftig unter diesem Aspekt eine grundsätzlich andere Beurteilung erfahren müssen, als es bisher unter Berücksichtigung der Trassierung von Elektrizitäts-Fernleitungen der Fall war. Zur Abrundung dieses Energie-Raummodells ist noch hinzuzufügen, daß der am Sambesi erzeugte Strom aus Wasserkraft auf eine als Sammelschiene auszubauende Energietrasse gehen wird, die bei einer Gesamtlänge von rd. 2500 km in den Bergbaugebieten Transvaals und der Provinz Oranje Freistaat Strom aus Kraftwerken auf Steinkohlenbasis und schließlich aus dem ersten Kernenergie-Großkraftwerk Südafrikas, das in der Nähe von Kapstadt am Atlantischen Ozean im Bau ist, sammeln und verteilen wird. Vorteile aus der Standortkalkulation und der Verschiedenheit der Kraftwerkstypen werden sich im Strompreis niederschlagen. Und energiewirtschaftlich dürfte dieses Verbundsystem unter raumwirtschaftlichen und regionalplanerischen Gesichtspunkten als optimal anzusprechen sein.

Die raumwirtschaftliche Bedeutung der Energie liegt in der Versorgungssicherheit und in der Preiswürdigkeit. Unter energietechnischen Gesichtspunkten spielt Beides eine besondere Rolle in der betriebswirtschaftlichen Standortorientierung für Kraftwerksneuplanungen in stromverbrauchsintensiven Gebieten, und zwar in Verbindung mit Entscheidungen zur soziogeographischen Stadtplanung und zur Entwicklung neuer Verkehrssysteme. Aus diesen Versorgungs- und Verwendungsbereichen resultiert, welcher Energieart unter Berücksichtigung von Luftreinhaltung, Lärmschutz und Abwässerbeseitigung unter Einbeziehung des technisch-ökonomischen Fortschritts der Vorzug zu geben ist. Selbstverständlich spielt auch die marktwirtschaftliche Wettbewerbssituation bei der Bestimmung des Primärenergieträgers dann eine Rolle, wenn die Frage des Energieberbundes für die gesamte Versorgunslage zur Standortbeurteilung herangezogen wird.

Der geschichtliche Weg ist beispielhaft gekennzeichnet von der Nutzung der Wasserkraft durch die oberpfälzischen Eisenhammer bis zur Anwendung des Erdgases aus der UdSSR, das in derselben Region nach Bayern einströmen wird. Mit ihm ist allerdings ein neues Problem aus dem Bereich von „Raum und Technik" in der energiewirtschaftlichen Standortpolitik, nämlich das der unterirdischen Gasspeicher, aufgetreten. Bis zum Bau der ersten Untertagespeicher standen zum Ausgleich des Gastransports und zur Abdeckung des Spitzenbedarfs nur oberirdisch angelegte Gasometer zur Verfügung. Die ersten unterirdischen Gasbehälter entstanden in Engelbostel bei Hannover, in Hähnlein bei Darmstadt — (nicht zuletzt zur Sicherung der Gasversorgung der nordbayerischen Regionen) — und in Reitbrook bei Hamburg. Bei Stockstadt wurde ein abgefördertes Erdgasfeld als Gasspeicher eingerichtet. In Bayern wurde der erste unterirdische Gasspeicher auf der Grundlage neuester Erkenntnisse der Geologie und der bergbaulichen Fördertechnik 1968 bei Eschenfelden, unweit Sulzbach-Rosenberg in der Oberpfalz, erstellt. Die raumwirtschaftliche Bedeutung dieses Gasspeichers hat Dr. H. FISCHLER in seinem Beitrag über „Die energiewirtschaftliche Situation Mittelfrankens aus regionalplanerischer Sicht" untersucht.

Die Ruhrgas A. G. als wesentliche Trägerin des Ausbaus eines unterirdischen Gasspeicherprogramms in Bayern ist nach Mitteilungen eines Vorstandssprechers dabei, im Landkreis Ebern im sog. Mürsbacher Sattel einen Speicher mit einer Endkapazität von einer Mrd. cbm Gas vorzubereiten. Die unterirdische Speicherentwicklung soll 1973 beginnen und bis 1980 abgeschlossen sein. Einen im Verhältnis zu dieser Größenordnung kleinen Gasspeicher (maximal 50 Mio. Fassungsvermögen) betreiben die Münchner Stadtwerke bei Pliening im Landkreis Ebersberg. In demselben Landkreis wird die Deutsche Texaco A. G. das im Auslaufen befindliche Erdgas-Gewinnungsfeld Wolfersberg als Untertagespeicher ausbauen.

Die Untertagspeicherung führt, im Gegensatz zur Übertragung von hochgespanntem Strom, zunächst zu Standortbindungen, deren raumökonomische und energiewirtschaftlichen Vorteile nur unter Einsatz einer hochentwickelten Technik genutzt werden können. Das sich zunehmend schließende Gasverbundsnetz in Bayern mindert jedoch etwa auftretende regionale Standortnachteile. So wirkt sich z. B. im mittelfränkischen Ballungsraum Nürnberg—Fürth—Erlangen als bemerkenswerter Vorteil die Gasspeicherung hinsichtlich der Versorgunsplanung und Bedarfsdeckung aus. Ähnliche Entwicklungstendenzen zeichnen sich mit risikomindernden Vorzeichen im Ballungsraum München ab, die Dr. KH. WITZMANN in seinem Beitrag über „Oberbayern als Gegenstand einer Raumanalyse unter energiewirtschaftlichen Aspekten" untersucht hat.

Als Besonderheit im Zuge der Bemühungen zur Steigerung einer langfristig anzustrebenden Versorgungssicherheit kann u. a. der Vorvertrag über die Lieferung von algerischem Erdgas bezeichnet werden, der im April 1972 zwischen fünf europäischen Energieunternehmen und der algerischen Staatsgesellschaft Sonatrach geschlossen worden ist. Protokollarisch ist zunächst fixiert, daß ab 1978 für die Dauer von 20 Jahren jährlich 13 Mrd. cbm Erdgas von den Partnerländern Bundesrepublik Deutschland, Belgien und Frankreich abgenommen werden sollen. Die Besonderheit liegt bei diesem Erdgaslieferungsvertrag nahezu ausschließlich auf dem Gebiet der Energietechnik. Das Erdgas wird im algerischen Hafen, unterkühlt auf minus 160°, verladen und in dem dabei vor sich gehenden Prozeß verflüssigt. Spezialtanker transportieren dieses „Zwischenprodukt" an den europäischen Zielhafen — Zeebrügge an der belgischen Kanalküste ist dafür zunächst in Aussicht genommen —, und dort wird es nach Rückformung in den gasförmigen Zustand in Rohrleitungen eingespeist. Verladung, Entladung und Umformung erfordern zusätzlichen Raum für die dafür zu erstellenden Anlagen. Die Hauptabnehmer in der BRD werden Baden-Württemberg, Bayern, Rheinland-Pfalz und das Saarland sein. Das bis München reichende Verbundnetz der Gasfernleitungen würde, wenn auch in bescheidenem Umfang, zur Schließung der Energielücke in Bayern beitragen können. Der zwischen der Realisierung der protokollarischen Fixierung und dem Abschluß des endgültigen Gaslieferungsvertrages liegende Zeitraum soll von allen Beteiligten zur Schaffung aller durch die Standortspaltung entstehenden energietechnischen Voraussetzungen und zur Lösung der finanzwirtschaftlichen Probleme genutzt werden. Eine Standortvorkalkulation läßt jetzt schon erkennen, daß der Preis für algerisches Erdgas, das auf diesem Wege nach Europa kommt, nur im Rahmen einer Mischpreiskalkulation aus dem Verbundbetrieb ökonomisch vertretbar sein dürfte. Mit der Verwendung algerischen Erdgases in Europa würde sich die Kette der überregionalen Raumdeterminanten auf dem Gebiete der Energiewirtschaft sowohl betriebswirtschafts- als auch raumordnungspolitisch um einige Glieder verlängern. Allein daran zeigt sich, daß die Umwandlungs- bzw. Veredlungsprozeße, die sich nur bei dem hohen Wärmegehalt des algerischen Erdgases lohnen, nicht ohne Einfluß auf die Energiepreisentwicklung bleiben werden.

Bei Abschluß der Beiträge zu dieser Veröffentlichung wird durch eine Verlautbarung der Informationsstelle der Ruhrgas A. G. bekannt, daß eine betriebswirtschaftliche Konzentration zur Einleitung von jährlich rd. 5 Mrd. cbm Erdgas — etwa ab 1975 — aus dem sog. Nassen Dreieck der Nordsee — zwischen Schottland, Dänemark und der deutsch-niederländischen Küste — dem „Feld Ekofisk" — in das Netz der BRD führen wird. Zur versorgungsmäßigen Erschließung wird ein bemerkenswerter Aufwand an Förder-, Transport- und Energietechnik zu leisten sein: 420 km Rohrleitung sind in durchschnittlich 40 m Wassertiefe auf dem Meeresboden zu verlegen und mehrere, inselartig ausgebaute Anlagen tragen auf dieser Strecke die zum Gastransport erforderlichen Kompressorstationen. Zu diesem Projekt, zu dem auch die Förderung von Erdöl gehört, wird eine bisher nicht bekannte Transport- und Energietechnik zu entwickeln sein, die markt- und preispolitisch dem algerischen Erdgas zwar nicht viel nachstehen wird, energie- und raumwirtschaftlich jedoch für die BRD — insbesondere hinsichtlich der räumlichen Abhängigkeit — ein wichtiger Faktor im Bereich der Versorgungssicherung sein.

So kompliziert die Erschließung der algerischen- und der Nordsee-Energiequelle und ihre Nutzung in Europa sein wird, so einfach erscheint dagegen die Anwendung der Wasserkraft der Donau am Eisernen Tor, wenn man von bestimmten wasserbautechnischen Problemen, die am Donau-Engpaß zwischen den Bergen des Banats und Ostserbiens zu lösen waren, einmal absieht. Die Energietechnik hatte es hier mit einem traditionell erprobten und hydroelektrisch bewährten Erzeugungsprozeß zu tun. Mit dem 1964 begonnen und 1972 fertiggestellten Gemeinschaftswerk Rumäniens und Jugoslawiens stehen diesem Teil Südosteuropas etwa 10 bis 11 Mrd. KWh jährlich zur Verfügung, wobei jedoch die energiewirtschaftliche Seite dieses Staudammprojekts nur einen Teil der raumbeeinflussenden und wirtschaftsfördernden Gestaltungskräfte ausmacht. Verkehrsverbesserungen, Wasserregulierungen und Erholungsmöglichkeiten im Rahmen des Fremdenverkehrs vervollständigen jetzt die raumwirtschaftliche Palette am Eisernen Tor.

Die Einflüsse der Energietechnik auf die Standortorientierung wurden nicht zuletzt deshalb an Raummodellen aufgezeigt, um die regionalplanerischen Strukturen des Energiemarktes transparent zu machen. Sie sollten zugleich deutlich machen, daß es nicht allein auf die Anwendung des modernen Instrumentariums der Konjunkturpolitik ankommt, wenn es gilt, die Energiebasis einer Industriegesellschaft zu sichern. Ohne Raumordnungspolitik und Regionalplanung, beides mit Zentralitätscharakter für die Landesentwicklung, ist die Nutzung der Energie nicht mehr denkbar. Wir stehen am Beginn neuer Denkansätze: Einer von ihnen heißt „Raum und Technik — hier konkretisiert als Energietechnik — als tragender Beziehungsbereich für die Lösung der Fakten des Arbeits- und Lebensraumes", und ein zweiter könnte heißen „Raumachse und Energietrasse als Beziehungsbereich zur Sicherung von schwach strukturierten Regionen". Letztlich könnte in diesem Zusammenhang von Energieregionen gesprochen werden. Die raum- und standortpolitische Entscheidung über neue Kraftwerksplanungen wird, so lassen sich alle Prognosen analysieren, bis etwa 1980 von der beherrschenden Stellung des Erdöls bestimmt sein. Eine Situationsuntersuchung an Hand der Primärenergiebilanz bsetätigt das zweifelsfrei, belegt aber zugleich auch das starke Vordringen des Erdgases und der Kernbrennstoffe. Die Energiebilanz wird 1980 in diesem Sinne eine andere Struktur aufweisen. Die Steinkohle wird zu diesem Zeitpunkt zum größten

Teil die Rohstoff- und Ausgangsbasis für chemische Prozeße bilden. Ob für die Steinkohle nach 1980 ein neuer Zeitabschnitt als Primärenergieträger beginnt, wird von den außenwirtschaftlichen Einflüssen abhängen, die dann den heute schon stark negativen Energiemarkt und seine Passivbilanz in der BRD beherrschen.

Ganz abgesehen von den marktwirtschaftlichen Situationen muß der Bürger in derselben Zeit aber auch das Maß seiner Ansprüche überdenken. Die Wachstumsideologie muß die Grenzen der raumökonomischen Möglichkeiten achten und darf die Raumbezogenheit ihrer Planungsvorstellungen nicht vernachlässigen. Im Standortfaktor Energie allein liegt genug Stoff und Problematik, die als Generationsaufgabe zur Lösung ansteht. Die regionale Raumordnung hat darin einen hohen Stellenwert, der sich in der Spitzengruppe raumordnerischer Entwicklungsfakten nur dann behaupten wird, wenn es gelingt, davon insbesondere die breite Öffentlichkeit zu überzeugen. Der Welle von Protesten gegen die in jüngster Zeit bekanntgewordenen Kraftwerksneuplanungen muß mit mehr Überzeugungskraft und Einsicht in die landesplanerischen Notwendigkeiten begegnet werden, als es bisher der Fall war. Dieses um so mehr, als eine bei Abschluß dieser Untersuchung bekanntgewordene Hochrechnung des IfO-Instituts und der Vereinigung Deutscher Elektrizitätswerke feststellt, daß bis 1976 soviel Stromerzeugungsanlagen zur Bedarfsdeckung neu erstellt werden müssen, wie in den vergangenen hundert Jahren an Kraftwerken gebaut worden sind. Das sollte auch neue Denkansätze im Umweltbewußtsein der Bürger auslösen, um die Zielkonflikte auf dem Gebiet der Landesentwicklung überwinden zu helfen.

Literaturübersicht

Diese Zusammenstellung erhebt keinen Anspruch auf Vollständigkeit für das gesamte Gebiet der energiewirtschaftlichen Planung und Ordnung. Ihr liegt nur eine Auswahl von Veröffentlichungen zugrunde, deren Inhalt als themenbezogen zum Forschungsauftrag über raumwirtschaftliche Fakten und Daten unter Berücksichtigung einiger Arbeiten über Grundsatzfragen der Energiepolitik und -technik zu kennzeichnen ist. Literatur für bestimmte Standortdeterminanten der Kraftwerksplanung und für Besonderheiten der Energiewirtschaft unter regionalplanerischen Aspekten wird den folgenden Beiträgen gesondert beigegeben.

1. Bücher, Artikel in Sammenwerken und Sonderdrucke aus Zeitschriften, Schriftenreihen u. ä. Periodika

BROCKMANN-BURCHARD-STREICHER: Ursachen und Wirkungen der veränderten Standortstruktur der Mineralölraffinerien in der BRD. Erw. Sonderdruck aus: „Brennstoff-Wärme-Kraft", Bd. 20, 1968.

BURCHARD, H.J.: Der Energiemarkt in Europa — Energiewirtschaftliche und energiepolitische Beiträge zur Diskussion der Gegenwart. Basel-Tübingen 1693.

Derselbe: Methoden und Grenzen der Energieprognosen. Hamburg 1968.

Derselbe: Sichere Energie — Preiswerte Energie. — Ein energiepolitischer Zielkonflikt. Kiel 1968.

BURCHARD, H.J.-MÜLLER-MICHAELIS, W.: Europas Energiestruktur im Wandel. Basel-Tübingen 1967.

BURCHARD, M.: Der Ausbau des deutschen Piplin-Netzes und seine Auswirkungen auf den traditionellen Verkehr. Sonderdruck aus: „Rohre-Rohrleitungsbau-Rohrleitungstransport", 2/71.

DENZEL, P.: Dampf- und Wasserkraftwerke. Mannheim 1968.

DOLINSKI-ZIESING: Die regionalen Entwicklungstendenzen des Energieverbrauchs in Baden-Württemberg und seinen Regierungsbezirken bis 1980. Berlin-München 1970.

Dieselben: Die regionalen Entwicklungstendenzen des Energieverbrauchs in Bayern und seinen Regierungsbezirken bis 1985. Berlin-München 1971.

EICH, R.B.: Investitionstätigkeit und Investitionspolitik in der internationalen Mineralölindustrie. Berlin-München 1971.

ENGEL, Ch.: Industrielle Energiekosten, Wettbewerbsfähigkeit und Wirtschaftswachstum. Analyse der sektoralen und überregionalen Energiekosten. Hamburg 1967.

FÖRSTER, K.: Allgemeine Energiewirtschaft. Berlin-München 1965.

FRANKEL, P.H.: Öl — Tatsachen und Tabus. Hannover 1962.

GERSDORF, B. VON: Elektrizitätswirtschaft in der Sowjetunion. Essen 1962.

GIESEKE, P.: Energierecht. In: Handwörterbuch der Sozialwissenschaften, Stuttgart-Tübingen-Göttingen 1961.

GLEISSNER, E.: Wirtschaftliche und methodische Probleme bei der Vorausschätzung des gesamtwirtschaftlichen Energieverbrauchs und seiner Struktur nach Energieträgern. Diss. München 1965.

GROSSE, N.: Ökonomik der Kernenergie. Studien des List-Instituts. Basel-Tübingen 1963.

GUMPEL, W.: Energiewirtschaft und Energiepolitik in den Ländern Osteuropas. Berlin 1966.

Derselbe: Energiepolitik in der Sowjetunion. Bd. XXIV der Abhandlungen des Bundesinstituts für ostwissenschaftliche und internationale Studien. Köln 1970.

GUTHSMUTHS, W.: Die Atomtechnik als Gegenstand der bayerischen Landesplanung. In: „Atombrief", Sonderheft Bayern. Regensburg 1959.

Derselbe: Rohrleitungen in der Landesplanung. In: Beilage „Energieversorgung im Strukturwandel" zu Nr. 19/62 der Wirtschafts und Finanzzeitung „Der Volkswirt".

HELLWIG, F.: Energiewirtschaft und Energiepolitik bei den Europäischen Gemeinschaften. Berlin 1966.

KLATT, S.: Zur Theorie der Industrieialisierung. Köln-Opladen 1959.

KLEPS, KH.: Energiepolitik im Gemeinsamen Markt. In: Wirtschafts- und Sozialpolitik-Modellanalysen politischer Probleme. Opladen o. J.

KRISTL, W.L.: Oskar von Miller in seiner Zeit. München o. J.

LANG, M.: Industrielle Energiewirtschaft. Bd. P 6 der Sammlung Poeschel. Stuttgart 1961.

LEHBERT-SCHULZ: Energiestatistik. In: Handwörterbuch der Sozialwissenschaften, Stuttgart-Tübingen-Göttingen 1961.

LUDIN, A.: Wasserkraftanlagen. Berlin 1955.

MANDEL, H.: Die langfristige Energieversorgung der BRD und die Rolle der Kernenergie. In: „Atomwirtschaft" 1/67.

Derselbe: Standortfragen bei Kernkraftwerken. In: „Atomwirtschaft" 1/71.

MÜLLER, H.F.: Energiewirtschaft. In: Handwörterbuch der Sozialwissenschaften, Stuttgart-Tübingen-Göttingen 1961.

Derselbe: Der Einfluß der Energiewirtschaft auf die wirtschaftliche und gesellschaftliche Struktur. Mitt. Nr. 10 der List-Gesellschaft. Basel-Tübingen 1967.

MÜLLER-MICHAELIS, W.: Die energiewirtschafliche Struktur Westeuropas. Hamburg 1966.

Derselbe: Der Energie-Außenhandel westeuropäischer Länder. Hamburg 1969.

PRESS, H.: Wasserkraftwerke. Berlin-München 1967.

RUMMLER, F.J.: Wirtschaftliche Probleme bei der Aufstellung von Energiebilanzen und bei der Vorausschätzung des künftigen Energiebedarfs. München 1960.

SEIDENFUSS, H.S.: Energie und Verkehr. Basel-Tübingen 1960.

SCHAEFER, H.: Energie und Umwelt. In: „Brennstoff-Wärme-Kraft", Bd. 23, Nr. 8/71.

SCHINDLER, H.G.: Energiewirtschaft. In: Handwörterbuch der Betriebswirtschaft. Stuttgart 1956.

SCHNEIDER, H.K..: Strukturwandel in der Energiewirtschaft der BRD 1950—1960. Berlin 1962.

Derselbe: Alternative Konzeption für die Energiewirtschaftspolitik. In: Energiewirtschaft und Energiepolitik in Gegenwart und Zukunft, Berlin 1966.

Derselbe: Zur Konzeption einer Energiewirtschaftspolitik. In: Ordnungsprobleme und Entwicklungstendenzen in der deutschen Energiewirtschaft — Festschrift für Th. Wessels, Essen 1967.

SCHREIBER, B.: Der spezifische Energieverbrauch der Industrie. Bd. 57 der Schriftenreihe desIfO-Instituts. München 1964.

SCHRÖDER, K.: Probleme heutiger und künftiger Kraftwerksplanung. Berlin-München 1967.

STAHL, F.: Atomkraftwerke — ihre Standortprobleme und die Raumordnung. In: „Raumforschung und Raumordnung", Heft 1/59.

Derselbe: Standortbestimmung von Kernkraftwerken. In: „Raum und Siedlung", Heft 7/71.

STRAUB ,H.: Über Ziele und Möglichkeiten einer europäischen Energiepolitik. Stuttgart 1959.

STREICHER, H.: Raffineriestandorte und Rohrleitungspolitik. Hamburg 1963.

TRAUBE, K.: Moderne Kernkraftwerke mit Siedewasserreaktoren in Gebieten mit hoher Bevölkerungsdichte. Sonderdruck aus: „Heutiger Stand und Tendenzen in der Entwicklung von Reaktoren". HdT-Heft 162 der AEG, Frankfurt/a. M.

WECKESSER, A.: Betrieb von Kernkraftwerken. München 1969.

WESSELS, TH.: Elektrizitätswirtschaft. In: Handwörterbuch der Staatswissenschaften, Stuttgart-Tübingen-Göttingen 1961.

Derselbe: Sichere Energie durch gute Außenpolitik. — Zur aktuellen Problematik der Energiewirtschaftspolitik. In: „Wirtschaftsdienst", Hamburg 1965.

WESSELS-FISCHER-LINDENLAUB: Der Einfluß des Energieangebots auf die Standortwahl der chemischen Industrie in der BRD .Berlin 1965.

WILCK, A.F.: Die Bedeutung der Kernenergie für die industrielle Kernkraftwirtschaft. Sonderdruck aus „Technische Mitteilungen", 61. Jg., Heft 12.

WOLF, L.: Elektrizitätspreise und ihre Auswirkungen auf die Finanzierung von Investitionen der Elektrizitätswirtschaft. München 1955.

2. Beiträge in Schriftenreihen: Denkschriften, Atlanten, Konzepte, Berichte, Programme u. ä. Veröffentlichungen

Veröffentlichungen der Akademie für Raumforschung und Landesplanung: Raumprobleme der Energiewirtschaft, von W. GUTHSMUTHS. In: 25 Jahre Raumforschung in Deutschland, Bremen 1960. — Energiewirtschaft und Raumordnung. 6. Wissenschaftliche Plenarsitzung 1966 in Düsseldorf. Hannover 1967. — Probleme der energiewirtschaftlichen Regionalplanung (Raum und Energie 1). Bd. 44 der Forschungs- und Sitzungsberichte, Hannover 1968.

Veröffentlichungen der Friedrich Ebert Stiftung: Energiewirtschaft — Struktur, Organisation, Tendenzen, Hannover 1960. — Energiepolitik im Gemeinsamen Markt, Hannover 1967. — Mineralölwirtschaft im Nahen Osten, Hannover 1967. — Struktur und Entwicklungsaussichten der italienischen Energiewirtschaft, Hannover 1967. — Energie international, Hannover 1969.

Veröffentlichungen des Energiewirtschaftlichen Instituts der Universität Köln: Die Energie-Enquete-Ergebnisse und wirtschaftspolitische Konsequenzen, München 1962. — Die Energiebilanzen der BRD einschl. Saarland und West-Berlin 1960—65, Köln 1966. — Die volkswirtschaftliche Bedeutung der Energiekosten von Th. Wessels, München 1966. — Energieimpulse und regionale Wachstumsdifferenzierung von J. Lindenlaub, München 1968.

Veröffentlichungen des Deutschen Atomforums: Kernkraftwerke und Industrie, Heft 15, von S. Balke, Bonn 1966. — Der Einsatz der Kernkraftwerke im Verbund, von H. Mandel. In: Internationaler Bericht zur Sektion III der Kernenergietagung Bonn 1965. — Der Mensch und die Kerntechnik, Heft 10, 1962.

Veröffentlichungen internationaler Institutionen: Die Energiewirtschaft im Gemeinsamen Markt. In: Schriftenreihe zum Handbuch für europäische Wirtschaft, Baden-Baden 1967. — Untersuchungen der langfristigen energiewirtschaftlichen Aussichten der Europäischen Gemeinschaft. Veröffentlichungen der Hohen Behörde der EGKS, Luxemburg 1964. — Energiepolitik — Probleme und Ziele. Veröffentlichungen der OECD, Bonn 1967.

Veröffentlichungen des Österreichischen Instituts für Raumplanung: Wasserkraftnutzung an der mittleren Enns — Vergleichendes Raumordnungsgutachten über zwei Wasserkraftprojekte. Bd. 20, Wien 1962.

Festschriften, Denkschriften, Analysen, Atlanten: 30 Jahre Bayernwerk A.-G. München 1951. — 50 Jahre Innwerk A.G. Töging 1967. — Ausbau der öffentlichen Elektrizitätsversorgung in Bayern. München 1957. — Verbrauchsorientierte Stromerzeugung. — Eine Untersuchung über den kapital- und kohlensparenden Verbund von rohstoff- und absatznahen Werken. Düsseldorf-München 1951. — Der Verbundbetrieb in der deutschen Stromversorgung. Hsg. Deutsche Verbundgesellschaft, Heidelberg 1953. — Systematik der Wasserkräfte der BRD. München 1962. — Jahrbuch der Atomwirtschaft. Düsseldorf ab 1970. — Daten für die Entwicklung der Energiewirtschaft in der BRD. Hsg. Bundesministerium für Wirtschaft. Bonn 1970. — Energiekonzept der Österreichischen Bundesregierung. Wien 1969. — Energieerzeugung und Energieversorgung. In: Strukturanalyse des Österreichischen Bundesgebiets, Teil VI/2, Sonderausgabe im Rahmen der Schriftenreihe der Österreichischen Gesellschaft für Raumforschung und Raumplanung, Hsg. R. Wurzer, Wien 1970. — Der Lech und der Lechausbau. Hsg. BAWAG, München 1968.

Berichte, Planungen, Programme, Vorträge: Ingolstadt baut auf. Ein Rechenschaftsbericht. Ingolstadt 1966, hsgg. von der Stadtverwaltung. — Energie für Baden-Württemberg. Stand und Entwicklung bis 1980. Stuttgart 1968. — Stand und Entwicklung der bayerischen Energiewirtschaft. Hsg. Bayerisches Staatsministerium für Wirtschaft und Verkehr, München 1964. — Raumordnungsplan Mittelbayerisches Donaugebiet. Hsg. wie vor, München 1965. — Energie für Bayern. WV-Heft 70/2. Hsg. wie vor, München 1970. — Industrialisierung in Bayern — Standorte der Industrie. Hsg. wie vor, München 1970. — Regionale Wirtschaftsförderung. WV/-Heft 70/4. Hsg. wie vor, München 1970. — Ein Programm für Bayern. 2 Bände, Hsg. wie vor, München 1969/70. — Landesentwicklung in Bayern — Einteilung des Staatsgebiets in Regionen. Hsg. Bayerisches Staatsministerium für Landesentwicklung und Umweltfragen. München 1971. — Raumordnungsbericht 1971 der Bayerischen Staatsregierung. Hsg. wie vor, München 1971. — Stand und Technik der Verfahren zur trockenen Rückkühlung und deren wirtschaftliche Aussichten. Ein Bericht des Batelle Instituts e. V. für die Landesregierung Nordrhein-Westfalen. Düsseldorf 1971. — Vorträge anl. eines Energiekolloquiums in der BP-Raffinerie Vohburg in Bayern: Die energiewirtschaftliche Situation in Bayern, von H. Heitzer; Möglichkeiten sowjetischer Erdöl- und Erdgastransporte in die BRD, von W. Gumpel; Entwicklungstendenzen des Weltenergiemarktes, von H.J. Burchard. Als Manuskript vervielfältigt, München 1971. — Neue Kernkraftwerke in der BRD. Ergebnisse einer Umfrage. Veröffentlicht in: Atomwirtschaft 4/1972.

Beiträge zur regionalen Aufbauplanung in Bayern: In der Schriftenreihe „Raumforschung und Landesplanung", Hsg. W. Guthsmuths: Heft 1: Der Wirtschaftsraum Inn-Salzach-Alz, von Kh. Witzmann ,2. Aufl., München 1959; Heft 4: Die Rhein-Main-Donau-Großschiffahrts-Straße in der Raumplanung, von K. Förster, 2. Aufl. München 1964; Heft 8: Strukturwandel und Raumplanung — Gesammelte Einzelarbeiten über Probleme der Fachplanungen und Strukturprogramme in Bayern. München 1960; Heft 9: Die Bedeutung der Bodenschätze für die bayerische Landesentwicklung, von G. Barth, München 1960; Heft 10: Aufgaben und Ziele der Raumordnungspolitik — Gesammelte Einzelarbeiten über die Grundzüge der Raumordnungspläne in Bayern. München 1962.

Standortbeeinflussende technische Fakten für Bau und Betrieb von thermischen Kraftwerken

von

Anton Bachmair, München

I. Grundlagen der Standortwahl

Die Standortwahl für ein thermisches Kraftwerk wird neben einer im wesentlichen immer voranstehenden gesamtenergiewirtschaftlichen Konzeption von einer Reihe von Fakten beeinflußt, deren Erfüllung zwar durch technisch mögliche Varianten einen gewissen Spielraum läßt, die aber mit dem Produktionsprozeß der thermischen Energieerzeugung so eng verbunden sind, daß ein Ausweichen auf der einen Seite Konsequenzen auf der anderen Seite zur Folge hat. Damit sind der notwendigen Freizügigkeit nicht nur hinsichtlich des Standortes, sondern noch mehr hinsichtlich der Größe oder der Betriebsweise der Anlage in vielen Fällen gewisse Grenzen gesetzt.

Innerhalb der wichtigsten Fakten für den Bau eines therm. Kraftwerkes können darum die möglichen Varianten in ihrem Ausmaß und in ihrer Wirkung nur in Hinblick auf die gewünschte oder notwendige Gesamtaufgabe des zu errichtenden Kraftwerkes betrachtet werden.

Da die optimalen Bedingungen für die einzelnen Prozeßvorgänge, soweit sie für die Standortwahl Bedeutung haben, kaum jemals gleichzeitig gegeben sein werden, wird die Lage eines thermischen Kraftwerkes schließlich immer ein Kompromiß zugunsten der Fakten sein müssen, die im jeweiligen Falle als die wichtigsten angesehen werden müssen, wobei die Zielsetzung wohl grundsätzlich durch die Forderung der geringst möglichen Stromkosten für den Verbraucher bestimmt wird.

Die technische Entwicklung in der Energieerzeugung in therm. Kraftwerken läßt aber andererseits auch erkennen, daß schließlich für die Standortwahl eines thermischen Kraftwerkes wirklich entscheidend nur die den kWh-Preis im wesentlichen beeinflussenden Fakten sind, die vor allem in den Brennstoffkosten und dann auch in der Art der Einordnung des Kraftwerksblockes in ein weitgehend vermaschtes Verbundnetz ihren Ausdruck finden.

Die elektrische Energieerzeugung in einem thermischen Kraftwerk folgt einem festumrissenen Prozeßverlauf, der aus der Umwandlung der im Brennstoff gebundenen thermischen Energie über die Dampferzeugung in mechanische zur elektrischen Energie führt. Im Ablauf dieses Vorganges ist zwischen den Kraftwerken mit konventionellen Brennstoffen und Kernkraftwerken kein Unterschied.

Daraus ergeben sich einerseits die Bedingungen und Voraussetzungen, die zur Durchführung des Prozesses notwendig sind. Andererseits sind aber auch Forderungen zu erfüllen, die durch die Betriebsweise und die Art der Ausführung der Anlage bedingt sind. Danach sind die für die Standortwahl wichtigen Fakten solche, die den Energieerzeugungsprozeß beeinflussen und solche, die die Errichtung, die Gestaltung und die Größe der Anlage beeinflussen. In dieser Gruppierung sollen die Standortfaktoren nun genauer untersucht werden, um ihren Einfluß auf die Wahl des Standorts beurteilen zu können.

II. Einflußfaktoren für die Standortwahl

1. Prozeßbeeinflussende Fakten

a) Brennstoffversorgung

Bei den Brennstoffkosten sind die Transportkosten ein bestimmender Teil. Ihr relativer Anteil wird nicht nur durch die Länge des Transportweges, sondern auch durch den Wert des Transportgutes bestimmt. Die absolute Auswirkung der Frachtkosten auf die für die Energieerzeugung aufzuwendenden Brennstoffkosten im Vergleich der verschiedenen Brennstoffe untereinander ergibt sich aus dem unterschiedlichen Mengenbedarf, bezogen auf die gleiche Verbrennungswärme, der sich nach KRETSCHMANN für handelsübliche Steinkohle zu Ballast-Steinkohle zu Rheinischer Braunkohle wie 1 : 1,4 : 4,31 verhält (6)*).

Braunkohlen mit ihrem hohen Wassergehalt und auch aschereiche Steinkohlen verlangen darum kurze Transportwege und bestimmen im allgemeinen den Standort des Kraftwerkes in der Nähe des Brennstoffgewinnungsortes. Für Kraftwerke, die durch ihren Aufstellungsort längere Wege für den Antransport des Brennstoffes erfordern, kommen im allgemeinen nur hochwertige Brennstoffe in Frage.

Grundsätzlich kann nach dem heutigen Stande der Verbrennungstechnik im Dampferzeugerbau davon ausgegangen werden, daß jede Brennstoffart als Primärenergie für die Dampferzeugung in großen Kesseleinheiten verwendet werden kann. Der Raumbedarf für die konstruktive Gestaltung und auch der betriebliche Aufwand ist aber für sogenannte minderwertige oder verbrennungstechnisch schwierige Brennstoffe größer als bei den Brennstoffen, deren verbrennungstechnisches Verhalten eindeutig definiert ist.

Es ist darum nicht nur die Frage der Kosten des Brennstoffes frei Kraftwerk von Interesse, sondern gleichzeitig auch eine vergleichende Bewertung des Investitionsaufwandes für die verbrennungstechnisch bedingten Einrichtungen und daraus dann auch der Betriebskosten notwendig, wenn die Entscheidung über die Wahl des jeweils geeignetsten Brennstoffes für einen bestimmten Standort einer Kraftwerksanlage getroffen werden soll.

Mit der Verringerung des Heizwertes des Brennstoffes steigt die Rauchgasmenge und sinkt andererseits die als zulässig bezeichnete Wärmebelastung des Feuerraumes. Damit werden die Abmessungen und damit auch der Raumbedarf des Kessels größer. Für einen 1000-t-Kessel ist das Verhältnis des umbauten Raumes eines Braunkohle-Kessels zu einem Ölkessel etwa 4,2 zu 1, bzw. bei einem Ölkessel mit Überdruck im Feuerraum sogar zu etwa 0,3 (12).

---

*) Die Zahlen in Klammern verweisen auf die Literatur am Schluß dieses Beitrages.

Für die Standortwahl ist aber von Interesse, daß damit auch die Grundfläche des Kesselhauses beeinflußt wird. Bei einem 1000-t-Steinkohlenkessel wurden 1,42 m²/t Dampf erreicht. Dies ist ein Wert, der im Vergleich mit anderen Werten ausgeführter Anlagen gleicher Größe und gleicher Verhältnisse (Steinkohle) z. Z. als optimal gelten kann (2). Für Braunkohle-Kesselhäuser muß mit einer etwa 15—20 % größeren spez. Grundfläche gerechnet werden.

Ausschlaggebend sind aber schließlich die Auswirkungen auf den Grundflächenbedarf des gesamten Kraftwerkes. Aus einem Vergleich mit ausgeführten Anlagen kann dabei zwischen Öl—Steinkohle—Braunkohle ein Verhältnis von etwa 1 :1,4 : 1,6 angenommen werden. Der Flächenvergleich unterliegt natürlich einem gewissen Streubereich, der sich nicht nur aus der konstruktiven Gestaltung der Kessel, sondern auch aus der Anordnung und Ausführung der Nebeneinrichtungen für die Brennstoffaufbereitung, den Brennstofftransport und den Aschetransport ergibt.

Die Art des Brennstoffes hat aber für die Standortwahl auch noch wegen der Ascheablagerung und der Luftverunreinigung unter Umständen eine besondere Bedeutung (hierzu siehe Abschnitt II/1 b und c).

Bei Kernkraftwerken unterliegt die Standortwahl in Hinblick auf den Brennstoffbedarf, d. h. auf die erforderliche Primärenergie, praktisch keinen Beschränkungen.

b) Aschelagerung

Bei den heute geltenden Bestimmungen über die Sicherung der Luft- und Wasserreinheit ist die Ablagerung der in einem Kraftwerksbetrieb anfallenden Asche eine Frage, die bei der Planung eines Kraftwerkes einer besonderen Überlegung bedarf. Durch die großen Aschenmengen, durch die Größe des Kraftwerkes und vor allem bei Verwendung aschereicher Brennstoffe kann die Standortwahl nicht unerheblich beeinflußt werden.

Die größten Aschenmengen fallen in den Anlagen an, die mit Braunkohlen betrieben werden. Da aber als Standort für diese Kraftwerke praktisch nur die Kohlegewinnungsstätte in Frage kommt, ergeben sich in den ausgekohlten Tagebauen immer Lagerplätze für die anfallende Asche. Ein Ascheproblem besteht bei diesen Kraftwerken meist nicht.

Diese zwangsläufig örtliche Kupplung des Kohle-Asche-Kreislaufes ist aber bei Steinkohlenkraftwerken in den meisten Fällen nicht gegeben, so daß die Ablagerung der anfallenden Asche zu einem Raumproblem wird, das nicht nur durch den Flächenbedarf, sondern vor allem durch die aus den Eigenschaften der Asche sich ergebenden Nebenwirkungen auf die Umgebung des Lagerplatzes bzw. des Kraftwerkes zu unlösbaren Schwierigkeiten führen kann. Es handelt sich dabei vor allem um die Verunreinigung der Luft durch Staub- und Gasentwicklung und auch bei verschiedenen Aschen um eine unzulässige Verunreinigung des Grundwassers durch Auswaschungen wasserlöslicher, schädlicher Bestandteile aus der Asche als Folge von Regen oder Aussickern des zum Aschetransport verwendeten Wassers.

Diese Schwierigkeiten zu vermeiden ist möglich, wenn einerseits durch geeignete Lenkung des Verbrennungsablaufes in der Feuerung des Kessels die Asche in eine für die Lagerung geeignete Form gebracht wird und/oder andererseits die Möglichkeit der nutzbaren Verwertung der Asche ausgenützt wird.

Ascheform:

In Kesselanlagen von der Größe, wie sie für moderne Kraftwerksanlagen notwendig sind, kommt als Verbrennungsform ausschließlich die Kohlenstaubfeuerung in Frage, bei der die Asche zu etwa 90 % in feinkörnigem Zustand anfällt und damit für eine staubfreie Lagerung in einer offenen Halde besonders ungünstig ist. Halden erfordern besondere Maßnahmen, um den Staub zu binden, die unter Umständen zusätzliche laufende betriebliche Aufwendungen erfordern.

Mit der Entwicklung der Schmelzfeuerung wurde nicht nur die Möglichkeit geschaffen, durch den flüssigen Abzug der Asche nach dem Erstarren ein körniges, im wesentlichen staubfreies Granulat zu erhalten, sondern auch das Volumen der anfallenden Asche auf etwa ein Drittel zugunsten des Lagerplatzbedarfes zu vermindern. Die granulierte Asche enthält auch keine wasserlöslichen Teile und schließt damit eine Gefährdung des Grundwassers aus.

Nach dem heutigen Stande der technischen Entwicklung im Feuerungsbau und auch auf Grund von Erfahrungen im Betriebe mit den verschiedenen Kohlenarten kommt der Schmelzbetrieb allerdings im allgemeinen nur für ballastreiche Steinkohlen in Frage, bei denen auch durch die Wahl ihres Standortes meist das größte Aschelagerungsproblem besteht.

Ascheverwertung:

Die zahlreichen Bemühungen, das Ascheproblem über den Weg einer nutzbaren Verwertung der Asche zu lösen, haben nicht nur die geeigneten Möglichkeiten aufgezeigt, sondern auch schon vielfach zur praktischen Anwendung entsprechender Verfahren geführt, so daß heute bereits ein realisierbarer Katalog für verschiedene Anwendungsmöglichkeiten besteht.

Im Nachfolgenden soll eine Tabelle über die Verwertungsmöglichkeiten von Aschen aus festen Brennstoffen gegeben werden, weil die Anwendungsmöglichkeiten der einzelnen Verfahren durch örtliche Verhältnisse gebunden sind und damit bei der Prüfung eines Kraftwerksstandortes hinsichtlich der Aschelagerung jeweils geprüft werden müssen.

Tabelle 1:

Verwertungsmöglichkeiten von Aschen aus festen Brennstoffen (5)

Braunkohlen-Filterasche:
    Herstellung von Mischbindern.
    Herstellung von Bindemitteln aus Braunkohlenfilterasche und Zusatzstoffen unter Einschaltung eines Brennprozesses.
    Herstellung von Bauelementen mit hohem Aschanteil.
    Herstellung von Leichtbeton-Zuschlagstoffen durch Granulieren und Sintern.
    Einsatz in der Landwirtschaft zur Neutralisation von versäuerten Böden.
    Gewinnung von Magnetitkonzentraten mittels Naßmagnetabscheider.
    Gewinnung von Tonerde in Verbindung mit einer Erzeugung von Portlandzement.

Steinkohlenfilterasche:
    Gasbeton.
    Zugschlagstoff für gepreßte Mauersteine oder Betonwaren.
    Gesintert als Leichtzuschlagstoff oder als genormter Zement.
    Bodenstabilisierung, auch beim Straßenbau.
    Füller im bituminösen Straßenbau.

Schmelzgranulate:
Verfüllmasse in einer Mischung mit Flugasche oder Sand.
Blasversatz im Bergbau in einer Mischung mit Waschbergen oder Flugasche.
Trockenlegung von Sport- und Turnierplätzen und Gartenwegen.
Befestigung von Plätzen und Wegen in einer Mischung von Zement.
Einbetten von Drainagerohren.
Untergrundverbesserung im Straßenbau, z. B. als Entwässerungsschicht.
Herstellung von bituminösen Trag- und Verschleißschichten im Straßenbau.
Streugut auf vereisten Straßen, Silizium-Anreicherung von Thomasschlacken.
Zuschlagstoff bei Zement-, Schwerbeton-, kalk- oder zementgebundenen Kunststeinen.

Die glasige Struktur des Schmelzgranulates ist für viele Verwendungsmöglichkeiten noch nachteilig. Die verschiedentlich eingeleiteten Versuche zur Verbesserung der Strukturverhältnisse sind darauf abgestellt, ein spannungsfreies Granulat zu schaffen, das anderen verwendungsgleichen Produkten herkömmlicher Art äquivalent ist. Damit wird der Bereich der Ascheverwertungsmöglichkeit noch erweitert.

Die Tabelle 1 über die verschiedenen Verwertungsarten zeigt, daß die nutzbare Unterbringung der anfallenden Asche kein technisches Problem mehr ist, sondern ausschließlich eine Frage der Organisation, so daß also eine wirkliche Behinderung der Standortwahl in Hinblick auf die Unterbringung der anfallenden Asche nur dann vorliegen kann, wenn kein geeigneter Lagerplatz vorhanden ist und gleichzeitig auch die örtlichen Schwierigkeiten für die Lösung der organisatorischen Fragen so groß sind, daß eine Verwertungsmöglichkeit in einer der verschiedenen Arten ausgeschlossen ist.

c) Reinhaltung der Luft

Durch den Betrieb des Kraftwerkes dürfen die Grenzwerte für die Emission bzw. Immission durch Abgase nach der Technischen Anleitung Reinhaltung der Luft (TAL) vom 8. 9. 64 (11;4) nicht überschritten werden. Die TAL setzt den Staubgehalt der Reingase hinter der Entstaubungsanlage am Austritt aus dem Schornstein mit max. 150 mg/Nm^3 (trocken) fest. Sie bestimmt gleichzeitig, daß die Staubimmission in der Umgebung des Kraftwerkes nur betragen darf:

Allgemein: Jahresmittel 0,42 g/m^{2}d,
                                       Monatsmittel 0,65 g/m^{2}d;

in industriellen Ballungsgebieten: Jahresmittel 0,85 g/m^{2}d,
                                       Monatsmittel 1,30 g/m^{2}d.

Für das im Rauchgas enthaltene SO_2 sind in der TAL keine Emissionswerte, sondern nur Immissionsgrenzwerte festgelegt, da das SO_2 in seiner Schadwirkung nur durch die Immissionsmenge von Bedeutung ist. Nach der TAL darf die SO_2-Konzentration in Bodennähe im Einwirkungsbereich der emittierenden Anlage nur 0,4 mg/m^3 Luft bzw. max. 0,75 mg/m^3 Luft betragen, wobei der max. Wert nur dann gilt, wenn diese Konzentration nur einmal innerhalb einer Zeitspanne von 2 Stunden auftritt. Bei beiden Grenzwerten handelt es sich um Halbstunden-Mittelwerte.

Nach einem Bericht der Landesanstalt für Immission und Bodennutzung, Essen, über die auf Grund behördlicher Anordnung des Landes NRW durchgeführten Staub-Immissionsmessungen in der Zeit vom 1. 10. 66 bis 30. 9. 67 (13) weisen „mehr als $^3/_4$ aller Einheitsflächen des Ruhrgebietes (6225 km^2 Gesamtmeßfläche) Immissionswerte

(Jahresmittel) auf, die kleiner als die Immissionsgrenzwerte für allgemeine Gebiete sind, während bei etwas weniger als 3 % aller Einheitsflächen der Immissionswert (Jahresmittel) für ein industrielles Ballungsgebiet überschritten wird. Etwa 7,4 % aller Einheitsflächen haben einen Monats-Immissionsmittelwert, der größer als der Grenzwert für industrielle Ballungsgebiete ist".

Das Ergebnis dieser umfangreichen Messungen des Immissionsflächenpegels, die in einem Gebiet mit besonders hoher Staubbelastung vorgenommen wurde, läßt die Annahme zu, daß es in Deutschland nur wenige Gebiete gibt, die durch die bereits vorhandene Staubimmission die Errichtung neuer Kraftwerke ausschließt, weil die gesetzlich zugelassenen max. Immissionsgrenzwerte für Staub bereits erreicht sind.

Die eingehenden Pegelmessungen, die nun schon mehrere Jahre im Lande NRW durchgeführt werden, werden leider durch keine entsprechenden Großflächenmessungen in anderen Gebieten der BRD ergänzt. Sie sind aber bezüglich der gemessenen Immissionswerte als Bezugswert für eine Schlußfolgerung auch für andere Gebiete geeignet, weil sie ein Gebiet umfassen, das die Auswirkungen hochbelasteter Bezirke auf die umliegenden, durch die Art ihrer Emittenten niedrigbelasteten Bezirke erkennen läßt. Gerade dadurch ist an Hand der einzelnen Meßergebnisse die Schlußfolgerung berechtigt, daß auch in den übrigen Teilen der Bundesrepublik bei entsprechender Industrie-Konzentration mit ähnlichen, in den meisten Fällen sogar mit niedrigeren Vorbelastungen gerechnet werden kann.

Wenn nun keine Meßergebnisse aus einer langjährigen Pegelmessung bei der Standortwahl für ein neu zu errichtendes Kraftwerk zur Verfügung stehen, müssen für den noch zulässigen Staubauswurf durch die neue Anlage Annahmen gemacht werden, die auf Grund von Erfahrungen etwa folgende Höchstwerte haben dürften:

(1) Stufe:
Ballungsgebiete, innerhalb von Städten und Industriezentren   + 0,20 g/m²d
(2) Stufe:
in ländlichen Bezirken, die nur einige emittierende Betriebe haben + 0,30 g/m²d
(3) Stufe:
in ländlichen Bezirken ohne jede Industrie   + 0,42 g/m²d

Auch die Ermittlung des SO_2-Immissionspegels wurde seit mehreren Jahren durch die Landesanstalt im Lande NRW mit Flächenmessungen durchgeführt (14). Die starken Unterschiede in der Immissionsbelastung bei den einzelnen Meßflächen sind auf den Stand der Industrieanlagen mit mehr oder minder hohen SO_2-Emissionen zurückzuführen. Für die Beurteilung der Gesamtsituation ist aber doch bemerkenswert, daß in der Zeit vom 1. 11. 66—31. 10. 67 nur 0,9 % der laufend gemessenen Belastungen der Einheitsflächen eine Überschreitung des max. Immissionswertes von 0,75 mg/m³, der nach der TAL für eine halbe Stunde innerhalb einer Zeitspanne von 2 Stunden zugelassen ist, zeigten. Der Immissionswert von 0,4 mg/m³ Luft für den Dauerbetrieb nach der TAL wurde sogar nur bei 0,1 % der ausgewerteten Flächen überschritten. Entsprechende Groß-Flächenmessungen des SO_2-pegels, wie sie im Lande NRW durchgeführt werden, sind in dieser Form aus anderen Teilen der BRD nicht bekannt. Die Messungen des Landes NRW sind aber, wie die Staubmessungen, gerade durch die Art der industriellen Belegung des von der Flächenmessung erfaßten Gebietes geeignet, als Standard für ähnlich gelagerte Gebietsstrukturen verwendet zu werden. Danach erscheint es berechtigt, bei Standortplanungen für neue Kraftwerke auch hinsichtlich der SO_2-Vorbelastung von Erfahrungswerten auszugehen und unter Berücksichtigung der

Art des in Frage kommenden Gebietes die nachstehend angegebene Erhöhung des Immissionspegels als zulässig anzunehmen, ohne Gefahr zu laufen, daß die zulässigen Höchstwerte für die Gesamtimmission nach den Festlegungen der TAL überschritten werden.

Es können gelten im Monatsmittel:
(1) Stufe: Stadt und Industriezentrum $+ 0,15$ mg/m³ Luft
(2) Stufe: Landbezirk mit einiger Industrie $+ 0,25$ mg/m³ Luft
(3) Stufe: Landbezirk ohne Industrie $+ 0,35$ mg/m³ Luft

Vorausgesetzt ist dabei natürlich, daß die Einrichtungen des Kraftwerkes (S-Gehalt des Brennstoffes, Schornsteinhöhe oder sonstige die SO_2-Emission vermindernde Einrichtungen) die zusätzliche Erhöhung der SO_2-Immission in der vorgenannten Höhe gewährleisten.

Für den Standort von Kernkraftwerken wird die Möglichkeit der Verunreinigung der Luft durch radioaktive Stoffe als eine Gefahrenquelle angesehen, die es nach den bisher angewandten Genehmigungsbedingungen für die Errichtung und den Betrieb von Kernkraftwerken nicht möglich machten, derartige Anlagen in den unmittelbaren Bereich größerer Ansiedlungen zu legen.

Diese Einschränkung der Standortwahl ist aber wegen der sonstigen großen Freiheitsgrade, die ein Kernkraftwerk gegenüber den konventionellen Kraftwerken besonders durch den Fortfall des laufenden Antransportes von Brennstoff hat, keine entscheidende Behinderung in der Standortwahl. Trotzdem ist es notwendig, daß die Entwicklung in der Kernenergieerzeugungstechnik durch Ausschließung dieser Gefahrenmöglichkeit eine vollkommen freie Entscheidung für den aus energiewirtschaftlichen Gründen notwendigen oder erwünschten Standort möglich macht. Für die betriebliche Abluft wurden bereits Tieftemperatur-Adsorptionsanlagen entwickelt, die durch entsprechend langes Zurückhalten gasförmiger Radioaktivitäten die Abluft ohne Gefahr für die Umgebung über den Schornstein ins Freie abführen. Durch die Ausbildung der Druckschale kann auch im Falle des größten anzunehmenden Unfalles jeder Austritt von Aktivitäten ins Freie vermieden werden (9).

d) Reinhaltung des Wassers (Abwässer)

Die Abwässer fallen in thermischen Kraftwerken in einer Form an, die es nicht immer zuläßt, sie ohne besondere Vorreinigung in den Vorfluter zurückzugeben.

Das für die Kondensation des Turbinenabdampfes benötigte Kühlwasser wird im allgemeinen nicht verunreinigt und kann bei Frischwasserkühlung ohne Zwischenschaltung eines Reinigungsverfahrens in den Vorfluter zurückfließen. Die Rückführung dieses Kühlwassers wird aber durch seine Rücklauf-Temperatur und durch die Wasserkapazität des Vorfluters beschränkt, da die Einleitung warmen Wassers ohne eine genügende Mischung mit kaltem Wasser im Vorfluter zu einer unzulässigen Erhöhung der Wassertemperatur und damit zu einer biologischen Schädigung des Vorfluters führen muß.

Im allgemeinen ist die oberste Grenze für das abfließende Kühlwasser, wenn die Wassermenge im Vorfluter groß genug ist, etwa 30° C. In der Regel wird aber die zulässige Höchsttemperatur als behördliche Auflage im Genehmigungsverfahren für die Errichtung eines Kraftwerkes festgelegt.

Die zusätzliche Anwendung von Kühltürmen, Gradierwerken oder Kühlteichen kann mit Rücksicht auf die Erhöhung der Wassertemperatur im Vorfluter die Abwasserfrage zugunsten des gewünschten Standortes lösen (siehe Abschnitt 1 d), ohne daß die vorgesehene Kraftwerksleistung aus diesem Grunde eingeschränkt werden müßte.

Andere Abwässer fallen bei einem thermischen Kraftwerk an
— als Spülwasser bei der Aufbereitung des Zusatz-Speisewassers,
— beim Abschlämmen der Kessel und gegebenenfalls der Kühltürme,
— beim Aschetransport, je nach der Art des Transportverfahrens,
— als Betriebswässer,
— als Oberflächenwässer.

Die im einzelnen hierbei anfallenden Abwässer sind im Zusammenhang mit der inst. Kraftwerksleistung nach der Art der Betriebseinrichtungen sehr verschieden. Sie betragen aber in jedem Falle nur wenige %/o der Kühlwassermenge, die zum Niederschlagen des Abdampfes aus den Turbinen erforderlich ist. Für die Planung eines Kraftwerkes können für den Abwasseranfall nur Erfahrungswerte aus anderen Kraftwerken mit ähnlichgearteten Orts- und Betriebsverhältnissen zu Grunde gelegt werden. Für Braunkohlenkraftwerke, die mit Rückkühlanlagen betrieben werden, ist mit den in Abb. 1 (15) angegebenen Abwassermengen zu rechnen, für die entsprechende Filter oder Absatzbecken vorgesehen werden müssen.

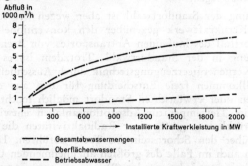

Abb. 1: Abwassermengen in Abhängigkeit von der installierten Kraftwerksleistung

Die Forderung der Reinigung derartiger Abwässer gilt für alle thermischen Kraftwerke und auch für Kernkraftwerke, bei denen im allgemeinen die gleichen Abwässer anfallen. Ihre Erfüllung beeinflußt natürlich die planerische Gestaltung der Anlage bzw. den Investitionsaufwand beim Bau des Kraftwerkes, wird aber die Standortwahl nur unwesentlich behindern.

Bei Kernkraftwerken ist aber der Ableitung von Abwässern noch dadurch besondere Aufmerksamkeit zu schenken, daß diese Wässer gegebenenfalls eine gewisse Radioaktivität besitzen können. Die Entwicklung der Aufbereitung aller in Kernkraftwerken anfallenden radioaktiven Abwässer in Verfahren, die es möglich machen, die gereinigten Abwässer wieder in den Prozeß zurückzuführen, verhindert die aus Abwässern möglichen Gefahren, so daß hinsichtlich der Frage der Abwässer bei Anwendung der entsprechenden Reinigungsverfahren die Standortwahl auch bei Kernkraftwerken nicht entscheidend beeinflußt wird (9).

e) Lärmverminderung

Durch den Betrieb eines thermischen Kraftwerkes entstehen auch Geräusche, die, soweit sie nach außen dringen, belästigend oder sogar erheblich störend auf die Umgebung des Kraftwerkes sich auswirken können. Darum unterliegt die Standortwahl den gesetzlichen Bestimmungen, die bezüglich der Lärmbekämpfung nach § 16 Gew.O. für genehmigungspflichtige bzw. nach § 24 Gew.O. für erlaubnispflichtige Anlagen gelten. Als allgemeine Verwaltungsvorschrift sind hierzu in der Technischen Anleitung (TALärm) (10), ähnlich wie bei der TALuftreinhaltung, nicht nur allgemeine Grundsätze zur Genehmigung und Prüfung von Anträgen zur Errichtung und zum Betrieb von lärmerzeugenden Anlagen, sondern auch Lärm-Immissionsgrenzwerte angegeben, die im angrenzenden Bereich der Nachbargrundstücke nicht überschritten werden dürfen.

Diese Immissionsgrenzwerte sind abgestimmt auf die Benutzungsart eines Nachbargrundstückes, wobei nach der TA-Lärm, Abschnitt 2.311 unterschieden werden:

(1) Gebiete, die der Unterbringung von gewerblichen oder industriellen Anlagen dienen — tagsüber 65 dB(A) / nachts 50 dB(A)

(2) Gebiete, die gemischt Wohn- oder Gewerbezwecke dienen — tagsüber 60 dB(A) / nachts 45 dB(A)

(3) Gebiete, die ausschließlich Wohnzwecken dienen — tagsüber 50 dB(A) / nachts 35 dB(A)

(4) Wohnungen, die mit Anlagen baulich verbunden sind — tagsüber 40 dB(A) / nachts 30 dB(A)

(5) Krankenhäuser und Pflegeanstalten, Kurgebiete, Ortsteile, die überwiegend der Erholung der Bevölkerung dienen und Erholungsstätten außerhalb geschlossener Ortschaften — tagsüber 40 dB(A) mit Ausnahme d. Ruhezeit (14—16 h) nachts (20—7 h) u. Ruhezeit (14—16 h) 30 dB(A)

Über die Zeitrechnung und die Art der Messungen sind besondere Festlegungen getroffen.

Die Erfüllung dieser Forderungen bedingt je nach der Art des Standortes Maßnahmen beim Bau und bei der apparativen Anordnung und Gestaltung der maschinellen Einrichtungen, die u. U. erhebliche zusätzliche Investitionsaufwendungen notwendig machen und dadurch für die Entscheidung über die Standortwahl Bedeutung haben können.

Die notwendigen Maßnahmen zur Einhaltung der Grenzwerte für die Schallimmission nach der TA-Lärm werden durch den am vorgesehenen Standort bereits vorhandenen Lärmpegel beeinflußt. Diese Vorbelastung kann gegebenenfalls zu so hohen Aufwendungen zur Lärmverminderung zwingen, daß sie aus wirtschaftlichen Überlegungen den vorgesehenen Standort ausschließt.

Wenn eine derartige weitgehende Behinderung der Standortwahl auch nur bei Errichtung eines Kraftwerkes inmitten von dichtbebauten und bewohnten Gebieten möglich sein kann, so ist aber doch vor der Entscheidung für einen bestimmten Standort in jedem Falle die Notwendigkeit gegeben, Messungen über den bereits vorhandenen Lärmpegel zu machen, um eine Grundlage für die erforderlichen Investitionsaufwendungen zur Lärmverminderung zu erhalten.

f) Kühlwasserversorgung

Für die Niederschlagung des Dampfes im Kondensator der Turbinen werden erhebliche Wassermengen als Kühlmittel benötigt. Die Beschaffung der erforderlichen Wassermengen ist bei der Entscheidung über den Standort eines Kraftwerkes einerseits eine

Frage, die in einem engen Zusammenhang mit der Beschaffung des Brennstoffes insofern steht, als sie eine betriebswirtschaftliche Bedeutung hat, weil sie den Brennstoffaufwand sehr wesentlich beeinflußt. Andererseits ist sie eine wasserwirtschaftliche Frage, die durch die jeweils gegebenen örtlichen Verhältnisse bestimmt wird.

Die erforderliche Kühlwassermenge ist abhängig nicht nur von der Dampfmenge, die im Kondensator niedergeschlagen werden muß, sondern auch von der Temperatur, mit der das Kühlwasser zur Verfügung steht. Unter Berücksichtigung der jahreszeitlich bedingten Temperaturschwankungen wird im allgemeinen mit einer Kühlwassermenge gerechnet, die der 70—90fachen Dampfmenge entspricht.

Als Anhaltspunkte für den Kühlwasserbedarf je inst. kW eines neuzeitlichen Kraftwerkes mit Betriebsdrücken von 180 bis 250 atü bei 525 bis 565° C Dampftemperatur kann auf Grund von Erfahrungswerten angenommen werden:

Kühlwassermenge als Vielfaches der Abdampfmenge	55—60		70—80
bei Kühlwasser-Eintrittstemperatur °C	20	12	27
Aufwärmung des Kühlwassers im Kondensator in °C	9—10,5		6,5—8,5
Kühlwasserbedarf/inst. kW in l/h	120—140	150—175	160—185

Der Kühlwasserbedarf kann durch Frischwasser-Entnahme aus Flüssen, Seen oder sonstigen, genügend großen Gewässern, aber auch im Kreislauf über Rückkühlanlagen gedeckt werden.

Ein Vergleich der spez. Jahresausgaben für die reine Kühlwasserversorgung bei Frischwasser- und bei Rückkühlbetrieb zeigt für ein Kraftwerk mit 6000 Benutzungsstunden ein Verhältnis von etwa 1 : 6, wobei in den Vergleich einbezogen sind die leistungsabhängigen Kosten für die Kühlwasserversorgung, die Jahresausgaben für die Kühltürme und der Mehrwärmeverbrauch für die Rückkühlung (16). Wenn auch diese Kosten sich nur mit wenigen % auf den kWh-Gestehungspreis auswirken, so ist der Unterschied relativ doch so groß, daß man bei der Standortwahl eines Kraftwerkes auf jeden Fall die Frischwasserkühlung anstreben wird, wenn nicht durch die Transportkosten für den Brennstoff die Vorteile wieder aufgehoben werden. Nur eine Vergleichsrechnung, in der beide Fakten entsprechend den jeweils gegebenen örtlichen Verhältnissen erfaßt werden, kann die betriebswirtschaftliche Grundlage für die Entscheidung geben, ob der Standort eines Kraftwerkes in den Nahbereich der Brennstoffquelle unter Inkaufnahme einer Rückkühlanlage oder an eine genügend große Frischwasserquelle unter Inkaufnahme größerer Transportwege für den Brennstoff gelegt werden soll.

Aber auch bei Anwendung des Rückkühlbetriebes muß zur Deckung der Wasserverluste durch Verdunstung im Kühlkreislauf, als Zusatzspeisewasser, gegebenenfalls für den Aschetransport und für sonstige Betriebswasser in einer Menge von etwa 2—5 % des umlaufenden Kühlwassers zur Verfügung stehen, die für einen Standort, bei dem ein besonders großer Wassermangel besteht, nicht unbeachtet bleiben können, weil für diese Wässer, selbst unter Anwendung der in jedem Falle notwendigen Abwasserreinigung, nur zum geringsten Teile eine Wiederverwendung im Kreislauf möglich ist.

Die Art der Rückkühlanlagen hat für die Wahl des Kraftwerksstandortes nur insofern Bedeutung, als der Grundflächenbedarf der verschiedenen Kühlerbauarten bei gleicher Wärmeleistung erhebliche Unterschiede zeigt.

Nach einer Aufstellung (3, Bd. III B) ist das Verhältnis der Kühlergrundflächen etwa

Ventilatorkühler	1,
Naturzugkühler	2,7,
geschlossene Sprühdüsenanlage	10,
offene Sprühdüsenanlage	35,
Kühlteich	670.

Da Kühlteiche, die allerdings, um als Rückkühlanlage wirkungsvoll benützt werden zu können, so groß sein müssen, daß sie fast einer Frischwasserkühlung gleichkommen, und auch die verschiedenen Sprühanlagen im Verhältnis zur gesamten Kraftwerksanlage einen großen Grundflächenbedarf haben, kommen bei modernen Kraftwerken praktisch nur Ventilatorkühler und Naturzugkühler zur Anwendung, wobei es durch die bautechnische Entwicklung möglich geworden ist, immer größere Kühlturmleistungen zu bauen und damit auch den Grundflächen-Unterschied zwischen diesen beiden Kühlertypen zu verkleinern.

Hinsichtlich des Kühlwasserbedarfes gilt für Kernkraftwerke praktisch das gleiche wie für konventionelle, thermische Kraftwerke, da sie sich ja nur durch die Art der Dampferzeugung, nicht aber im Verfahren der Umwandlung der Dampfenergie in elektrische Energie unterscheiden. Es muß jedoch berücksichtigt werden, daß je nach der Art der Reaktortype, z. B. bei Anlagen mit Boiling Water-Reaktoren, das Kühlwasser geringen radioaktiven Strahlungen ausgesetzt wird, die bei Frischwasserkühlung im allgemeinen keine besondere Behandlung des abfließenden Kühlwassers notwendig macht, die aber einen Rückkühlbetrieb nur unter besonderen Maßnahmen ermöglicht (1). Man wird darum bei Kernkraftwerken Standorte bevorzugen, bei denen genügend Frischwasser für Kühlzwecke zur Verfügung steht. Das Fehlen des aus der Brennstoffbeschaffung sich ergebenden wichtigen Faktors für die Standortwahl ergibt dabei eine besondere Freizügigkeit in der Entscheidung.

Anstelle des Kühlwassers kann aber, wenn auch die Beschaffung des Zusatzwassers zur Deckung der Wasserverluste Schwierigkeiten bereitet, auch Luft als Kühlmittel für die Kondensationsanlage benützt werden. Diese Möglichkeit ist aber durch die jeweils wirtschaftlich vertretbare Größe der Luftkühler begrenzt. Die Grundlage der wirtschaftlichen Überlegenheit des einen gegenüber dem anderen Verfahren ist der Beschaffungspreis für das Zusatzwasser, das zur Deckung der durch Verdunstung, Versprühung und Abschlämmung der Kühltürme entstehenden Wasserverluste beschafft werden muß. Diese Wassermenge kann mit 1—2 % der im Kühlturm umlaufenden Wassermenge angenommen werden (16).

Bei der Anwendung luftgekühlter Kondensationsanlagen wird der Zusatzwasserbedarf so gering, daß im allgemeinen immer die Ausnützung der durch die Brennstoffbeschaffung oder durch sonstige standortbeeinflussende Fakten gegebenen günstigen Verhältnisse ermöglicht wird. Als Grenze für die technische Ausführungsmöglichkeit von Luft-Kondensationsanlagen können heute etwa 300 MW-Einheiten angesehen werden, jedoch hat damit die Entwicklungsmöglichkeit noch nicht ihr Ende gefunden.

Für die Standortwahl günstig sind, wenn man von einem gewissen Geräuschpegel durch die erforderlichen Gebläse absieht, Luftkondensatoren auch dadurch, daß die Belästigung der Umgebung durch Kühlturmschwaden und auch eine Verunreinigung des Turbinenkondensates durch Undichtigkeiten vermieden wird. Durch Anordnung der Kühler auf dem Maschinenhausdach kann auch der Grundflächenbedarf des Kraftwerkes verkleinert werden. (3, Bd. III B, S. 198).

2. Bau- und Betrieb beeinflussende Fakten

a) Art der Anlage (Blockanlage)

Neben den betrieblichen Voraussetzungen, die vor allem durch die Art und Anlieferung der Primärenergie und durch die Möglichkeit der Deckung des notwendigen Kühlwasserbedarfs gegeben sind, wird der Standort eines therm. Kraftwerkes der überregionalen Energieversorgung im wesentlichen durch die zweckmäßige Eingliederung in ein Verbundsystem bestimmt, wobei davon ausgegangen werden muß, daß eine Energieversorgung mit einem weitgespannten Verbundnetz die Voraussetzung für die Erfüllung der Forderungen ist, die durch den universellen Charakter der Industrie-Gesellschaft an die Entwicklung der Energiewirtschaft in der Zukunft gestellt werden.

Die daraus sich im besonderen durch die Bedürfnisse der Energieverteilung innerhalb des Verbundes ergebenden Standortfragen werden natürlich sehr wesentlich auch von rein wirtschaftlichen Überlegungen beeinflußt, die sich aus der Art und der Form des Einsatzes der Primärenergie und vor allem aus der Ausnutzung von Möglichkeiten der Kuppelung von Erzeugung der elektrischen Energie und der Lieferung von Fernwärme ergeben.

Das bedeutet aber zwischen verbrauchsfernen Kraftwerken mit reinem Kondensationsbetrieb und verbrauchsnahen Kraftwerken, die neben der elektrischen Energieerzeugung Produktionsstätten und Wohnbezirke mit Fernwärme versorgen, zu unterscheiden.

Für den Standort der Kraftwerke der ersten Art ist im allgemeinen der Vorteil eines nahegelegenen, preiswerten Brennstoffes, für die Kraftwerke der zweiten Art übergeordnet die Lage der Verbraucher der Fernwärme bestimmend.

Unter dieser Konzeption der sinnvollen Entwicklung der Energiewirtschaft der Zukunft zu einer einheitlichen, von subjektiven Interessen befreiten, volkswirtschaftlichen Aufgabe ergeben sich daraus aber auch gewisse Schlußfolgerungen für die Größe der jeweils zu installierenden Leistung in einem Kraftwerk, die in dem einen Falle durch die Liefermöglichkeit der Primärenergie und des allgemeinen Bedarfes an elektrischer Energie, in dem anderen Falle im wesentlichen durch den Bedarf der Fernwärmeabnehmer umgrenzt wird.

Nach dem Stande der therm. Energieerzeugungstechnik bilden Dampferzeugung und elektrische Energieerzeugung eine technische Einheit (Block), deren Einsatz und zweckmäßige Größe durch die jeweiligen Bedürfnisse des Verbundnetzes bestimmt wird. Das moderne Kraftwerk ist also nicht mehr eine in sich geschlossene, unabhängige Energieerzeugungsanlage, sondern die organisatorische Betriebsstätte eines oder mehrerer Blöcke im Verbundnetz.

Für den Grundflächenbedarf eines Kraftwerkes ergeben sich die günstigsten Verhältnisse, wenn nicht nur die jeweilige Kraftwerksleistung in einem Block untergebracht wird, sondern auch die Blockleistung die maximal ausführbare Größe erhält.

Die Zusammenfassung der jeweils für ein Kraftwerk im Rahmen der Gesamtplanung erforderlichen installierten Leistung in möglichst wenige bzw. große Blockeinheiten wirkt sich auch durch Verminderung der spez. Investitionskosten, des spez. Wärmeverbrauches und auch des spez. Personalbedarfes günstig auf die Kosten der Stromerzeugung aus. Personalbedarf und auch der bei großen Einheiten sich ergebende geringere spez. Grundflächenbedarf sind aber für die Standortwahl von Interesse.

Nach Untersuchungen von Mandel vermindern sich bei einem Kohlekraftwerk mit einem 600 MW-Block gegenüber 6 × 100 MW-Blöcken die Anlagekosten um ca 33 %, der Personalbedarf um ca. 45 %, der Wärmeverbrauch um ca. 5 %, der Grundflächenbedarf des Kraftwerkes um ca. 20 % und die Bauzeit um ca. 50 %. (7). Diese Tendenz gilt im Wesentlichen für alle Blockgrößen, wenn auch natürlich die Verminderungsteile bei einem geringeren Blockzahlverhältnis kleiner werden.

Die jeweils mögliche, bzw. anzustrebende Größe der Blockleistung ist aber nicht nur von der technisch ausführbaren Grenzleistung abhängig, sondern im besonderen von dem relativen Verhältnis der Blockleistung zur Gesamtleistung der im Verbund zusammengeschalteten Leistung. Im Allgemeinen kann mit Rücksicht auf die notwendige Reserve-Leistung bei Ausfall des Blockes bei Störungen die Blockgröße maximal nur etwa 10 % der Spitzenbelastung der Verbundleistung betragen. (7).

In Hinblick auf die Vorteile, die für den Bau und Betrieb eines Kraftwerkes durch Zusammenfassung der Kraftwerksleistung in wenige, große Blöcke gegeben sind, ist es bei der Standortwahl eines Kraftwerkes nicht unwesentlich, darauf zu achten, daß die Möglichkeit der Aufstellung der der jeweils vorhandenen Verbundleistung entsprechenden größten Blockleistung ausgenützt werden kann.

Für Kernkraftwerke ist die Forderung der Aufstellung großer Einheiten allein schon dadurch gegeben, daß die Wirtschaftlichkeit von Kernkraftwerken durch eine Mindestleistung nach unten begrenzt ist, die heute bei etwa 600 MW liegt, und die Steigerung der Blockleistung Voraussetzung für den erhöhten Einsatz der Kernenergie in der Zukunft ist.

b) Grundflächenbedarf des Kraftwerkes

Der Raumbedarf bzw. der erforderliche Grundflächenbedarf eines thermischen Kraftwerkes, ohne die zum Betrieb notwendigen Nebengebäude, wird, ausgehend von der Größe der installierten Leistung, durch die Art der Brennstoffe und der Kühlwasserversorgung, vor allem aber durch die Aufteilung der Dampferzeuger-Leistung und der Turbinen-Leistung auf eine oder mehrere Einheiten bestimmt. (siehe 2 a)

Da im Rahmen der großraumorientierten Energiewirtschaft nur Kraftwerkleistungen in Frage kommen, die in ihrer Größe sich in die jeweils gegebene Verbundleistung einfügen, werden auch die Art des betrieblichen Einsatzes, die erforderlichen Belastungsschwankungen und auch die notwendige Reservehaltung vom einzelnen Kraftwerk auf alle im Verbund arbeitenden Kraftwerke verlagert. Kessel und Turbine, elektrischer Generator mit dem zugehörigen Umspanner sowie die erforderlichen Hilfseinrichtungen werden daraus zur Erzeuger-Einheit, die als sogenannte Blockanlage den geringsten Grundflächenbedarf ergibt.

Von dieser Konzeption des Baues thermischer Kraftwerke muß ausgegangen werden, wenn von einem der zukünftigen Entwicklung entsprechenden Ausbau der Energieerzeugungsanlagen gesprochen werden soll.

Die Größe des Gesamtgeländes eines Kraftwerkes ist abhängig von der Art der in jedem einzelnen Falle gewünschten oder auch auf Grund der örtlichen Verhältnisse notwendigen Gebäude für Verwaltung und Reparatur, von der Größe des Brennstofflagerplatzes bzw. der gewünschten Vorratshaltung, von den Bedingungen für die Kühlwasserversorgung, den Transporteinrichtungen für Kohle und Asche und schließlich auch von der Rücksichtnahme auf einen vorgesehenen zukünftigen weiteren Ausbau der Anlage.

Für die eigentliche Energieerzeugungsanlage ist eine gewisse Abhängigkeit von der installierten Leistung eines Blockkraftwerkes zu erkennen, die als orientierende Unterlage für die Planung und für die Standortwahl benützt werden kann.

Bei einer Untersuchung des spez. Grundflächenbedarfes einer größeren Zahl von Kraftwerken, die in ihrem inneren und äußeren Aufbau vergleichbar sind und nach gleichen Richtlinien ausgewertet wurden (3, Bd. I), zeigt sich allerdings eine erhebliche Streuung.

Die erreichten Minimalwerte lassen aber die Tendenz der Abnahme der spez. Grundflächen mit Zunahme der Kraftwerksleistung erkennen. Unter Berücksichtigung des Streubereiches kann danach angenommen werden, daß der Grundflächenbedarf für ein modernes Kraftwerk ohne Nebengebäude mit einer Leistung von 200 MW etwa 0,016—0,042 m²/KW und von 1000 MW etwa 0,011—0,02 m²/kW beträgt.

In einer speziellen Unterbrechung der Auswirkungen verschiedener Brennstoffe auf den Grundflächenbedarf eines 150 MW-Blockkraftwerkes nennt SCHRÖDER (12) für

	spez. Krftw. Fl. m²/kW
(1) ballasthaltige Steinkohle mit erheblichem Wasser- und Aschegehalt	0,027
(2) hochwertige Steinkohle	0,020
(3) schwefelhaltiges Öl oder Gas	0,018
(4) schwefelhaltiges Öl (durchgefeuerter Kessel und zwischengeschaltete Gasturbine)	0,015
(5) Natur-Uran (gasgekühlter Reaktor)	0,035

Für den Gesamtgeländebedarf einer Kraftwerksanlage ist eine Verallgemeinerung der spez. Werte aus ausgeführten Anlagen nicht ohne weiteres möglich. Eine Auswertung von Angaben über amerikanische Kraftwerke aus einer früheren Veröffentlichung in Electrical World (3, Bd. I, Tab. 47) für eine große Zahl von Kraftwerken aus der Zeit um 1950 kann jedoch als Richtwerte genommen werden.

Danach werden für Kraftwerke einschl. Nebengebäude, Schaltanlage und Kohlenlagerplatz benötigt in m²/kW bei einer inst. Leistung von

	max.	min.	mittel
150—299 MW	0,33	0,072	0,27
300—499 MW	0,36	0,05	0,18
500—gr. MW	0,31	0,023	0,19

d. h. also unabhängig von der Größe der inst. Leistung etwa das 8—12fache der Grundfläche des eigentlichen Kraftwerksgebäudes.

Die jeweils erforderliche Grundfläche des Kraftwerksgeländes wird natürlich sehr wesentlich davon abhängen, wie groß der Platzbedarf für die Bevorratung des Brennstoffes ist. Die Vorratsmenge ist eine individuelle Angelegenheit jedes Kraftwerkes, die von örtlichen, wirtschaftspolitischen Überlegungen, aber auch unter Umständen von behördlichen Anordnungen abhängt. Kraftwerke in der Nähe der Brennstoffgewinnungsstelle haben für die Bevorratung andere Bedürfnisse als Kraftwerke, die über weite Transportwege ihren Brennstoff anfahren müssen.

Bei der Festlegung des Gesamtgrundflächenbedarfes muß aber vor allem auf die Kraftwerksgröße im endgültigen Ausbau Rücksicht genommen werden, um zu vermeiden, daß bei später notwendig werdenden Erweiterungen der installierten Leistung standortgünstige Voraussetzungen nur aus Platzmangel nicht ausgenützt werden können. Der Kraftwerksflächenbedarf wird im folgenden Beitrag noch sehr eingehend untersucht.

c) Personalbedarf

Für die Standortbestimmung ist es bei jeder Industrieanlage wichtig, zu wissen, wie viele und welcher Art von Menschen für den Betrieb der Anlage notwendig sind. Der Betrieb eines therm. Kraftwerkes erfordert im Verhältnis zum Produktionswert der erzeugten Energie einen geringen Personaleinsatz.

Die Zahl des eigentlichen Betriebspersonals hängt weniger von der Größe der installierten Leistung, sondern vor allem von der Art der jeweils vorhandenen Betriebseinrichtungen ab, wobei die Zahl der Dampferzeuger, der Turboaggregate und schließlich die Art des Brennstoffes entscheidend sind.

Als Kennzahl für den Personaleinsatz wird das Verhältnis $\frac{Mann}{MW}$ benützt, obwohl die inst. Leistung für einen Vergleich mit anderen Kraftwerken als Bezugspunkt nicht ausschließlich geeignet ist, da ja der Unterschied der verglichenen Anlagen in ihren Betriebseinrichtungen damit nicht zum Ausdruck kommt.

Die Auswertung des Betriebspersonalbestandes einer großen Zahl von Kraftwerken ergibt darum auch keine eindeutige Kenngröße. Sie läßt aber Schlußfolgerungen auf die erreichbaren Optimalwerte zu. Als Beispiel ist der spezielle Personalbedarf in 25 amerikanischen Kraftwerken, die wärmewirtschaftlich besonders gut betrieben werden, in Abb. 2, deren Werte den Angaben in (3, Bd. I. Tab. 41 a) entnommen wurden, dargestellt.

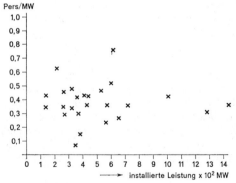

Abb. 2: Personalbedarf in 25 amerikanischen Kraftwerken, die wärmewirtschaftlich besonders gut geführt sind

Die Streuung läßt keine Tendenz in Abhängigkeit von der inst. Leistung erkennen, sie läßt aber auf einen Mittelwert schließen, der bei etwa 0,4 $\frac{Mann}{MW}$ angenommen werden kann.

Für neu zuzurichtende Kraftwerke muß natürlich vorausgesetzt werden, daß der Block als betriebliche Einheit in Betriebsführung und Überwachung die Grundlage des Aufbaues der Anlage ist, so daß damit schon aus der zentralen Führung bei mehr oder minder weitgehender Automatisierung des gesamten Betriebsablaufes mit dem geringstmöglichen Einsatz an Betriebspersonal gerechnet werden kann.

Unter Benützung des oben genannten statistischen Materials und der Einzelangaben aus deutschen Kraftwerken kann als Grundlage für Planungen bei Blockanlagen heute der Betriebspersonalbedarf von Blockanlagen mit 0,2—0,4 $\frac{\text{Mann}}{\text{MW}}$ angesetzt werden (2). Eine Unterschreitung dieser Zahlen ist eine Frage der Weiterentwicklung der Automatisierung, die neben Kernkraftwerken bei homogenen Brennstoffen, wie Öl und Erdgas heute bereits schon bis zu einer Perfektion möglich ist, bei festen Brennstoffen, besonders bei solchen mit variabler Qualität aber noch Schwierigkeiten bereitet.

Selbst für Anlagen von 300—500 MW ist somit der Personalbedarf für den Betrieb noch nicht so groß, daß er für die Standortwahl im allgemeinen eine hindernde Wirkung haben kann. Es ist jedoch daran zu denken, daß es sich um Fachkräfte handelt, die im allgemeinen nicht aus dem örtlichen Arbeitsmarkt entnommen werden können. Ein Teil dieser Fachkräfte ist auch für die Sicherheit des Betriebsablaufes so wichtig, daß er besonders bei Störungen mit dem geringsten Zeitverlust ins Kraftwerk kommen muß. Für diese Fachkräfte müssen darum in nächster Nähe der Kraftwerksanlagen geeignete Wohnmöglichkeiten geschaffen werden.

In den Zahlen für das Betriebspersonal sind Personalzahlen für Verwaltung und allgemeine Hilfsarbeiten nicht enthalten. Die Zahl des Verwaltungspersonals ist im allgemeinen sehr gering. Der Personalbedarf für allgemeine Hilfsarbeiten (Pförtner, Reinigung und Pflege der Betriebsräume und des Geländes, Werkstätten) hängt von den örtlichen Verhältnissen ab und ist auch eine Frage der Organisation des jeweiligen Energieerzeugungsunternehmers. Die für diese Arbeiten notwendigen Arbeitskräfte, deren Zahl im Verhältnis zu der Zahl des eigentlichen Betriebspersonals gering gehalten werden kann, werden meist ohne Schwierigkeiten aus der Umgebung des Kraftwerkes beschafft werden können. Für die Wahl des Standortes haben sie, besonders wenn die Anlage nicht allzu weit von besiedelten Gegenden entfernt ist, kaum eine Bedeutung.

d) Bodenverhältnisse

Ist die Lage eines Kraftwerkes auf Grund der geeigneten Voraussetzungen aus den für den wirtschaftlichen Betrieb wichtigen Fakten bestimmt, so können durch die Baugrundverhältnisse für den Bau noch erschwerende Bedingungen entstehen, die bei der Standortwahl sehr wohl beachtet werden müssen, die aber im allgemeinen keinen ausschließenden Charakter haben, wenn sie auch unter ungünstigen Bedingungen die Baukosten sehr wesentlich beeinflussen können. Voraussetzung für die Entscheidung über die Standortwahl ist darum eine genaue Kenntnis der Bodenverhältnisse.

Dazu ist notwendig:

Durch sorgfältige Untersuchungen der Art und Tragfähigkeit des Baugrundes muß unter Auswertung einer genügend großen Zahl von Bohrproben die Art der Fundamentierung der einzelnen Bauteile den vorliegenden geologischen Verhältnissen angepaßt werden.

Auf die Möglichkeit von ungleichmäßigen Senkungen des Geländes durch die Belastung, die sich aus den einzelnen Bauwerken ergeben, muß bei der Ausbildung der Fundamentkörper, aber auch bei der konstruktiven Gestaltung der Verbindungen zwischen den einzelnen Anlageteilen geachtet werden. Bergschädensgebiete und auch durch Erdbeben gefährdete Gegenden stellen dabei besondere Anforderungen nicht nur an die Gestaltung der Fundamente der betrieblich zusammengehörenden Kraftwerksanlageteile, sondern erfordern auch Einrichtungen, die Lageveränderungen einzelner Anlageteile aufzuheben oder auszugleichen gestatten. Spezielle Fachkenntnisse und vor allem große Erfahrungen gehören zur Behandlung dieser Sonderfälle.

Sollten die Grundwässer des Baugeländes auf Bauteile der Fundamentierung aggresiv wirken, so muß für geeigneten Schutz dieser Bauteile gesorgt werden. Die Kellersohle des Kraftwerkes muß im Gelände so hoch gelegt werden, daß sie über dem höchsten Grundwasserspiegel oder dem höchsten Hochwasserpegel eines nahegelegenen Gewässers genügend Abstand hat.

Für Kernkraftwerke gelten grundsätzlich natürlich die gleichen Anforderungen an die Bodenverhältnisse, es werden jedoch zusätzlich zur Sicherung der Umgebung gegen eine Verunreinigung des Grund- oder Flußwassers durch die Aufsichtsbehörden in allgemeinen besondere Aufwendungen bei der Ausbildung der Fundamente verlangt werden (8).

e) Örtliche Lage zum Verkehr und zu Siedlungen

Verkehrtechnisch günstige Verhältnisse sind für die Wahl eines Kraftwerkes eine Voraussetzung.

Für den Antransport des Brennstoffes muß Bahnanschluß oder der Wasserweg zur Verfügung stehen. Man wird darauf achten müssen, daß Möglichkeit für den Brennstofftransport auch bei besonderen Verhältnissen (Winter, Streik u. dgl.) gegeben ist, auch wenn eine entsprechend große Bevorratung vorgesehen ist.

Wenn durch die örtlichen Verhältnisse der Brennstofftransport sowohl über Bahn wie auf dem Wasserweg ermöglicht werden kann, bedeutet das eine besondere Sicherheit für den Kraftwerksbetrieb gegen Störungen in der Brennstoffbeschaffung.

Die für den Bahntransport benützten oder zur Verfügung stehenden Schienenwege müssen hinsichtlich ihrer kleinsten Krümmungsradien, der Tragfähigkeit der Brückenbauwerke und der sonstigen eisenbahntechnischen Einrichtungen für das Befahren mit Großraumwagen, aber auch mit Tiefladewagen für schwere Maschinenteile, geeignet sein.

Bei der Brennstoffversorgung über den Wasserweg ist zu prüfen, ob die auf der Wasserstrecke liegenden Schleusen genügend groß sind und auch, ob im Winter der Transport häufiger durch Eisbildung behindert ist.

Die Lage eines Kraftwerkes im Bereich von Ortschaften oder Siedlungen hat Vorteile und Erschwerungen für den Bau und Betrieb zur Folge, die bei einer Entscheidung über den Standort einer Anlage gegeneinander abgewogen werden müssen:

— Ortsnähe erleichtert die Wohnmöglichkeit des Betriebspersonals und verringert die Anmarschwege.
— Ortsnähe verlangt besondere Aufwendungen für die Reinhaltung der Luft und die Lärmverminderung.
— Bei Kühlturmbetrieb besteht die Gefahr der Vereisung der Straßen und sonstigen Verkehrswege im Winter.
— Die Lagerung bzw. der Abtransport der anfallenden Asche bedeutet meist im Bereich von Ortschaften oder Siedlungen große Schwierigkeiten.

— Mit Rücksicht auf die Behinderung durch Luftverunreinigung, Kühlturmschwaden und Aschelagerung soll der Standort eines Kraftwerkes in Haupt-Windrichtung hinter Ortschaften liegen.

Für Kernkraftwerke gelten für den Anschluß an Transportwege und Straßen sowie die örtliche Lage zu Ortschaften im wesentlichen die gleichen Bedingungen wie für konventionelle Kraftwerke, wobei allerdings der kontinuierliche Antransport des erforderlichen Brennstoffes wegfällt. Trotzdem muß Bahnanschluß und Anschluß an feste Straßen vorhanden sein, da z. T. sehr schwere Montageteile bzw. Ersatzteile auch über Straßen angefahren werden müssen. Nach den heute noch in der Regel angewendeten behördlichen Genehmigungsbedingungen für die Errichtung und den Betrieb von Kernkraftwerken wird im allgemeinen ein Standort in größerer Entfernung von dichtbewohnten Gegenden, zum mindesten von größeren Ortschaften gewählt werden müssen.

Literaturhinweise

(1) SCHMIDT, K. R.: Nutzenergie aus Atomkernen. Bd. II. Berlin.
(2) KOCH, H., HÜSGEN, H., REICHERT, G., GRAMATKE, J.: Das 1600 MW-Steinkohlenkraftwerk Scholven der Hibernia A. G. Mitt. VGB. H. 6, Dez. 1968.
(3) SCHRÖDER, K.: Große Kraftwerke. Bd. I. II. III. Teil A u. B., Berlin, Heidelberg New York.
(4) BACHMAIR, A.: Maßnahmen zur Verhinderung von Luftverunreinigung durch Kraftwerke. Mitt. VGB, H. 93/1964.
(5) ERYTHROPEL, H.: Anfall und Verwertung von Kraftwerksaschen. Techn. Mitt. H. 8, 1966,
(6) KRETSCHMANN, W.: Braunkohle als Brennstoff für Dampfkraftwerke. Energie Folge 9, Sept. 1964.
(7) MANDEL, H.: Große Blockeinheiten im Rahmen der deutschen Energieversorgung. Mitt. VGB. H. 91/1964.
(8) BÖRNKE, FR.: Kernkraftwerk Gundremmingen. Zentralblatt für Industriebau. H. 8/1966.
(9) 10 Jahre AEG-Kernenergieanlagen. AEG-Mitteilungen 57 (1967), H. 3.
(10) Allgemeine Verwaltungsvorschrift über genehmigungsbedürftige Anlagen nach § 16 der Gew. Ordnung-Gew.O. Technische Anleitung zum Schutze gegen Lärm (TALärm) vom 16. 7. 68. Beilage zum Bundesanzeiger Nr. 137 vom 27. 7. 1968.
(11) Allgemeine Verwaltungsvorschriften über genehmigungsbedürftige Anlagen nach § 16 der Gewerbeordnung — Technische Anleitung zur Reinhaltung der Luft (TAL) vom 8. 9. 1964. Gemeinsames Ministerialblatt Nr. 26 vom 14. 9. 1964, Ausgabe A.
(12) SCHRÖDER, K.: Probleme heutiger und zukünftiger Kraftwerksplanung, Hrsg. Siemens A. G. Erlangen.
(13) Staubniederschlagsmessungen. Bericht der Landesanstalt für Immissions- und Bodennutzungsschutz des Landes NRW in Essen, Schriftenreihe, H. 11/1968.
(14) Schwefeldioxid-Immissionsmessungen, Bericht der Landesanstalt für Immissions- und Bodennutzungsschutz des Landes NRW in Essen, Schriftenreihe, H. 13/1968.
(15) MÜLLER, J., SCHNEIDER, O., TOCHTROP, F., LÜMBORG, H.: Das Braunkohlenkraftwerk Niederaussem der Rhein. Westf. Elektrizitätswerke A. G. Energiewirtschaftliche Tagesfragen, H. 120/121, Jan. 1964.
(16) MUSIL, L.: Die Gesamtplanung von Dampfkraftwerken, 2. Aufl. 1948, Berlin.

Flächenbedarf von Kraftwerken mit einer Stellungnahme zum deutschen Kühlwasserproblem

von

Alfred H. Schuller, Frankfurt a. M.

I. Flächenbedarf von Kraftwerken

Nach den zur Zeit noch gültigen Prognosen verdoppelt sich der Bedarf an elektrischer Energie in der Bundesrepublik Deutschland alle 10 Jahre. Das heißt, daß wir — ausgehend von der heute installierten Leistung von rund 50 000 MW — bis zum Jahr 2000 eine Leistung von weit mehr als 200 000 MWe werden bereitstellen müssen.

Bei der Planung der dafür benötigten neuen Kraftwerke bestimmen eine Vielzahl von Parametern die Auswahl der Kraftwerksart und der Leistungsgröße für einen bestimmten Standort. *Ein* Faktor ist zweifelsohne der *Flächenbedarf* des Kraftwerks.

Hier hat sich in den vergangenen 25 Jahren ein erstaunlicher Schrumpfungsprozeß weiter fortgesetzt. Grund für diese fortwährende Verkleinerung des relativen Flächenbedarfs ist der technisch-wissenschaftliche Fortschritt auf dem Gebiet des Kraftwerksbaus.

Neue Kenntnisse gestatten den Bau größerer Kessel bei gleichzeitig höheren Drücken und Temperaturen. Dadurch ergibt sich für die zugehörige Turbine ein wesentlich größeres Enthalpie-Gefälle. Es ist nun nicht mehr unbedingt erforderlich, im Kondensator bis auf kleinste Drücke herunterzugehen, so daß die Abdampfquerschnitte klein gehalten werden können oder die Zahl der Niederdruckteile vermindert werden kann.

Alle diese Maßnahmen wirken sich verkleinernd auf das Kraftwerk aus. Ein Beispiel:

Im Jahr 1944 benötigte man für ein 300 MW-Kraftwerk noch 4 Turbosätze zu je 75 MW (= 300 MW) und 4 Dampferzeuger zu je 250 t/h (= 1000 t/h). Im Jahr *1956* war es bereits möglich, solch ein 300 MW-Kraftwerk in einem einzigen Block zu errichten, mit einem einzigen 300 MW-Turbosatz und nur einem Kessel mit einer Dampfleistung von nur 800 t/h.

Heute werden in Deutschland konventionelle, d. h. mit fossilem Brennstoff befeuerte Kraftwerke mit einer Blockleistung von 600 MW geplant. Bei den Kernkraftwerken ist der Durchbruch zu noch größeren Einheiten bereits erfolgt; das Kernkraftwerk Rheinschanzinsel bei Philippsburg erzeugt 900 MW, das Kernkraftwerk Biblis sogar 1200 MW in jeweils *einem* Block.

Der relative Flächenbedarf moderner Dampfkraftwerke — fossiler und nuklearer Anlagen — ist in Abbildung 1 zusammengestellt.

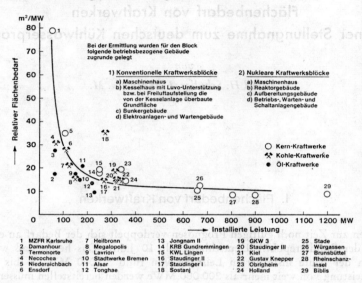

Abb. 1: Flächenbedarf von Kraftwerken in Abhängigkeit vom Heizwert des Brennstoffes

Bei der Ermittlung der Kennzahlen haben wir im Hinblick auf die Vergleichbarkeit nur folgende betriebsbezogene Gebäude betrachtet:

bei konventionellen Kraftwerksblöcken

— das Maschinenhaus,

— das Kesselhaus bzw. bei Freiluftaufstellung den vom Kessel überbauten Raum,

— das Bunkergebäude sowie

— das Warten- und Elektroanlagengebäude;

bei Kernkraftwerken

— das Maschinenhaus,

— das Reaktorgebäude,

— das Aufbereitungsgebäude sowie

— Betriebs-, Warten- und Schaltanlagengebäude.

Der Grund für diese vereinfachte Betrachtung liegt darin, daß die übrigen Einrichtungen eines Kraftwerks, wie Kohlenlager, Kühlwasserversorgung, Kühltürme, Hochspannungsschaltanlagen, und die Fläche für die Erweiterung eines Kraftwerks überaus unterschiedlich ausgelegt werden, so daß sich ein Vergleich nur schwer durchführen läßt.

Die eingezeichnete Kurve dürfte in Fachkreisen bekannt sein. Es ist die Grenzkurve für den minimalen relativen Flächenbedarf, die KARL SCHRÖDER in seinem Buch „Große Dampfkraftwerke", Band I, im Jahre 1959 veröffentlicht hat. Er untersuchte damals rund 90 Anlagen, die in den Jahren 1950 bis 1960 errichtet wurden. Alle diese Anlagen hatten einen zum Teil erheblich größeren relativen Flächenbedarf, als die Grenzkurve es anzeigt; besonders bei Blockgrößen über 500 MW gab es *kein* Kraftwerk, das die Grenzkurve auch nur annähernd erreichte, die Kurve war als Prognose (oder als Wunsch?) zu betrachten.

Heute, nur 10 Jahre später, liegen alle hier aufgeführten Kraftwerke in unmittelbarer Nähe dieser Grenzkurve, zumeist sogar darunter.

Betrachten wir den Leistungsbereich bei ungefähr 350 MW, so ergeben sich nur geringe Unterschiede zwischen Öl-, Kohle- und Kernkraftwerken. Während hier die Kernkraftwerke der ersten Generation 15 bis 20 m² pro MW benötigen, liegen Kohlekraftwerke im Mittel bei 15 m²/MW und Ölkraftwerke knapp unter 15 m²/MW.

Für Blockgrößen *über 600 MW* liegen uns keine Daten von neuen konventionellen Kraftwerken vor. Die eingezeichneten *Kernkraftwerke* jedoch unterschreiten mit im Mittel *weniger als 10 m² pro MW* die SCHRÖDERSCHE „Wunschkurve" eindeutig! Es handelt sich hierbei um Kernkraftwerke mit Leichtwasser-Reaktoren.

Es ist zunehmend schwieriger, die notwendige Fläche für Kraftwerke an günstigen Standorten zu beschaffen. Zu der Wirtschaftlichkeitsberechnung eines Kraftwerks aber spielt der Flächenbedarf keine wesentliche Rolle, wie folgende Überlegung zeigt:

Eine angenommene Leistung von 1000 MWe mit einem Flächenbedarf für die Gesamt-Kraftwerksanlage einschließlich aller Zusatzeinrichtungen und einer späteren Erweiterung von insgesamt 200 000 m² zu einem Preis von 10 DM/m² ergibt Grundstückskosten von 2×10^6 DM. Bei 10 % Verzinsung sind das 200 000 DM Jahreskosten.

Die gesamte Stromerzeugung eines solchen Kraftwerks ist bei 6000 Vollaststunden 6×10^9 kWh, woraus sich der durch die Grundstückskosten bedingte Anteil an den Stromkosten zu 0,0033 Pfennig/KWh bzw. 1,6 ‰ der gesamten Stromerzeugungskosten pro KWh ergibt.

II. Das Kühlwasserproblem

Durch die Vergabe der ersten großen Kernkraftwerke über 600 MW Blockleistung im Lauf der vergangenen 2 Jahre wurde nun auch in der breiten Öffentlichkeit, angeregt durch Berichte in Tages- und Wochenzeitungen, das Problem der Aufwärmung und der radioaktiven Belastung der Flüsse immer häufiger diskutiert und als „Kühlwasserproblem" apostrophiert.

Vorher gab es im Bewußtsein der breiten Öffentlichkeit eigentlich kein *deutsches* Kühlwasserproblem, d. h. kein überregionales Kühlwasserproblem. Es gab aber in den vergangenen Jahren bei der Errichtung der einzelnen deutschen Kernkraftwerke immer wieder *lokale* Probleme, die von seiten der zuständigen Genehmigungsbehörden in der Aufwärmung des jeweiligen Flusses und in der Einleitung radioaktiver Abwässer in den Fluß gesehen wurden, während die lokale Bevölkerung sich zumeist nur auf die Aktivitätsabgabe des Kraftwerks an die Umwelt konzentrierte und in diesem Rahmen auch die Belastung des Flusses durch radioaktive Abwässer diskutierte.

Gibt es nun heute bereits ein deutsches Kühlwasserproblem, oder, sofern dies heute noch nicht der Fall ist, wann werden wir ein deutsches Kühlwasserproblem haben und was können wir in diesem Fall heute schon tun, um es gar nicht so weit kommen zu lassen?

Der Wunsch, Wärmekraftwerke an Flüssen zu errichten, hat verschiedene Gründe. Zunächst ist da das Naturgesetz, daß

1. bei der Umwandlung von thermischer Leistung in mechanische, hier *elektrische* Leistung, grundsätzlich Abwärme auftritt, die durch ein Kühlmittel abgeführt werden muß und daß

2. der Wirkungsgrad des Umwandlungsprozesses um so größer wird, je niedriger die Temperatur ist, bei der die Wärmeabfuhr an das Kühlmittel erfolgt.

Lassen Sie uns den zahlenmäßigen Zusammenhang zwischen *erzeugter Energie* und der an das Kühlmedium *abzuführenden Wärmemenge* erläutern: In den vergangenen Jahren wurde in verschiedenen Fachveröffentlichungen davon gesprochen, daß die an das Kühlwasser abzugebende Wärmemenge pro erzeugter Energieeinheit bei Kernkraftwerken mit Dampfturbinen *doppelt* so groß sei wie bei konventionellen Dampfkraftwerken. Abbildung 2 soll diese Meinung berichtigen.

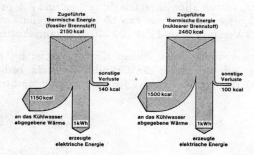

*Abb. 2: Energiebilanz moderner Dampfkraftwerke
mit fossilem und nuklearem Brennstoff, bezogen auf 1 kWh*

Abbildung 2 zeigt, bezogen auf eine erzeugte Kilowattstunde, die an das Kühlwasser abgegebene Wärme und die vernachlässigbaren sonstigen Verluste. Wie man leicht nachprüfen könnte, wurde dabei für die Kernkraftwerke ein Wirkungsgrad von 35 %, für konventionelle Dampfkraftwerke ein Wirkungsgrad von 40 % angenommen. Es ist unbestritten, daß Kernkraftwerke einen größeren Kühlwasserbedarf haben, jedoch nur um etwa 32—35 % mehr als konventionelle Dampfkraftwerke. Die Ursache für diesen *größeren* Kühlwasserbedarf besteht darin, daß der thermische Wirkungsgrad um so größer ist, je größer die Temperaturdifferenz zwischen Wärmezufuhr und Abwärmeableitung ist, und die heute kommerziell erfolgreichen Leichtwasser-Kernkraftwerke erzeugen ihre Energie bei niedrigeren Prozeßtemperaturen als die konventionellen Dampfkraftwerke.

In absoluten Zahlen ausgedrückt bedeutet dies z. B. folgendes: Das Kernkraftwerk Rheinschanzinsel bei Speyer, für das im Februar 1970 die Kaufabsichtserklärung bekanntgegeben wurde, benötigt bei 900 MWe-Bruttoleistung eine Kühlwassermenge von 41 m³ pro Sekunde. Bei mittlerer Wasserführung und mittlerer Temperatur des Rheins wird es — nach vollkommener Durchmischung des Kühlwassers mit dem Vorfluter — den Fluß um *0,3° C* aufwärmen. Ein gleichgroßes konventionelles Dampfkraftwerk würde eine Aufwärmung von nur *0,23° C* verursachen.

Dies ist die *thermische* Flußbelastung durch ein einzelnes Kraftwerk; sie tritt immer auf, ist am höchsten bei nuklearen Dampfkraftwerken, niedriger bei konventionellen Dampfkraftwerken und am geringsten bei Kraftwerken mit Gasturbinen.

Zu der *radioaktiven* Belastung der Flüsse durch Kernkraftwerke kann folgendes gesagt werden: Die *deutschen* Vorschriften über die Einleitung von radioaktiven Abwässern sind, verglichen mit den amerikanischen Vorschriften, wesentlich strenger. Des weiteren ist bekannt, daß deutsche Kernkraftwerke diese Bestimmungen, die von Fall zu Fall von den zuständigen Genehmigungsbehörden noch eingeengt werden, jederzeit einhalten können. Als Beispiel sei wieder das Kernkraftwerk Rheinschanzinsel genannt: Wenn die Genehmigungsbehörde nur ein Fünfzigstel der dort nach der Strahlenschutzverordnung möglichen zulässigen Abgabewerte genehmigt, ergibt sich noch nicht die geringste Betriebsbeeinträchtigung für das Kraftwerk.

Theoretisch wäre es sogar möglich, ohne die Abgabe radioaktiver Abwässer auszukommen; jedoch würde dies einen so unsinnig hohen wirtschaftlichen und technischen Aufwand erfordern, daß man diesen Weg nie einschlagen sollte. Es ist heute schon bewiesen, daß die von Kernkraftwerken an einen Fluß abgegebenen Aktivitäten, verglichen mit der ohnehin vorhandenen radioaktiven Vorbelastung des Gewässers, praktisch nicht ins Gewicht fallen.

Hier seien zur Frage des relativen Flächenbedarfs von Kraftwerken nach Art und Größe als bereitzustellende installierte Leistung für das Jahr 1980 rund 100 000 MW, für 1990 rund 200 000 MW genannt. Der Anteil der — vermutlich sehr großen — Kernkraftwerke an dieser installierten Leistung wird für 1980 mit rund 25 %/o geschätzt, d. h. zu rund 25 000 MW, für das Jahr 1990 mit rund 50 %/o, das bedeutet dann rund 100 000 MW aus großen Kernkraftwerken.

Sofern es sich bei diesen Kernkraftwerken um Leichtwasser-Reaktoren handelt, sollten sie im Interesse der *wirtschaftlichen* Energieerzeugung mit Flußwasser gekühlt werden, das die niedrigsten Wärmeabgabe-Temperaturen bereitstellt. Für die übrigen Kraftwerke kann noch nicht mit letzter Sicherheit gesagt werden, ob sie alle als Dampfkraftwerke und damit als Groß-Kühlwasserverbraucher ausgeführt werden, da noch etwas unklar ist, bis zu welcher Leistung man in Zukunft mit großen Gasturbinen gelangen wird, die weniger Kühlwasser benötigen.

Die Planung der für den zukünftigen Leistungsbedarf benötigten Kraftwerke wird sich bezüglich der Standorte auch nach den heute bereits vorhandenen *Trassen* der Hochspannungsleitungen orientieren müssen. Es ist kaum vorstellbar, daß beliebige neue Trassen festgelegt werden können, da vor allen Dingen die Grundstücksfrage kaum mehr zu lösen ist. Betrachtet man jedoch die *heute* vorhandenen Trassen, so zeigt sich, daß längs ihres Verlaufes noch genügend Platz für Kraftwerke großer und größter Bauart vorhanden ist, in vielen Fällen jedoch kein *Fluß*kühlwasser, das bisher Ausgangspunkt der Betrachtungen war.

Es sind nun die *möglichen Kühlmethoden* für moderne Dampfkraftwerke zu betrachten. Sie werden in Abbildung 3 zusammengestellt.

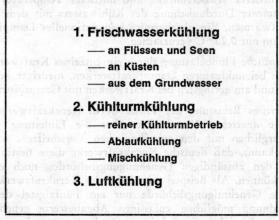

Abb. 3: *Mögliche Kühlmethoden bei modernen Dampfkraftwerken*

Wir haben da zuerst die *Frischwasserkühlung*, die ihr Wasser aus Flüssen und Seen bezieht, es aber auch aus Meer- oder Brackwasser beziehen kann oder es letzten Endes auch aus dem Grundwasser entnehmen könnte. Die zweite Kühlmöglichkeit ist die *Kühlturmkühlung*, und zwar in den Formen des reinen Kühlturmbetriebes bzw. als Ablaufkühlung und Mischkühlung in Verbindung mit der erstgenannten Frischwasserkühlung. Die dritte Möglichkeit besteht in der *Luftkühlung*.

Nachfolgend sei kurz auf die Vor- und Nachteile der verschiedenen Kühlmethoden eingegangen. Die *Frischwasserkühlung* bringt in jedem Fall, und beinahe unabhängig von der Jahreszeit, die niedrigsten Kühlwassertemperaturen und damit die besten Betriebsbedingungen. Fordert man also Frischwasserkühlung für die Kraftwerke der Zukunft, so stellt sich die Frage nach der Art der Frischwasserkühlung. Frischwasserkühlung aus dem *Grundwasser* ist ein Vorschlag, jedoch sind die Kosten für die Erschließung der benötigten großen Grundwassermengen noch nicht zu übersehen. *Küstenkraftwerke*, d. h. Kraftwerke, die mit See- oder Brackwasser gekühlt werden, können *ohne* erhebliche Mehrkosten auf diesen hinsichtlich Korrosion etwas schwierigen Betrieb eingerichtet werden. Hier ist jedoch die Frage der Stromtransportkosten bis zum nächsten Verbraucherschwerpunkt ein wesentliches Problem, auch ist die verfügbare Küstenlänge nicht besonders groß. Es bleibt also noch die *Frischwasserkühlung aus Flüssen und Seen*.

Für *beide* Gewässerarten gilt heute in Deutschland gleichermaßen, daß sie durch Industrieabwässer, in geringerem Maße auch durch Haushaltsabwässer, immer mehr verschmutzt werden. Gleichzeitig weiß man, daß die biologische Reinigung in einem *Fluß* wesentlich schneller vor sich geht als in einem See. Die *Aufwärmung* eines Gewässers verzögert diese biologische Reinigung — pauschal betrachtet — jedoch immer, da sie den Sauerstoffgehalt herabsetzt.

Anzumerken ist jedoch in diesem Zusammenhang, daß der gesamte Problemkreis der Gewässerverschmutzung, der Selbstreinigung und des benötigten Sauerstoffgehaltes im Zusammenhang mit der Aufwärmung meiner Ansicht nach noch lange nicht genügend erforscht ist, ebensowenig wie die Frage der Wärmeabgabe des künstlich aufgewärmten Flusses an die Umgebung.

Die Aufwärmung, die wir pauschal als ungünstig für das Selbstreinigungsverhalten des Flusses beurteilt haben, kann durch *Kühlturmeinsatz* vermindert werden. Sowohl die Ablaufkühlung als auch die Mischkühlung, auf deren technische Einzelheiten hier nicht weiter eingegangen werden soll, gestatten es, die Aufwärmung des Flusses zum Teil erheblich zu reduzieren. Vom Standpunkt der Energieerzeugung her sind diese beiden Kühlmethoden jedoch nicht sehr wirtschaftlich, da sie sowohl die Anlagen der Frischwasserkühlung, d. h. Ein- und Auslaufbauwerke am Fluß, erfordern, als auch zumindest teilweise die Investitionskosten für Kühlturmkühlung.

Billiger ist dann immer noch der *reine Kühlturmbetrieb,* der jedoch auch in jedem Fall Zusatzwasser benötigt, um einerseits die Verdunstungsverluste zu ersetzen und um andererseits zur Vermeidung von Aufkonzentrationen die Kühltürme abschlämmen zu können. Für Kernkraftwerke kommt hier die Tendenz zur verminderten Wirtschaftlichkeit, da das Enthalpiegefälle der Turbine durch höhere Kühlwassereintrittstemperaturen stärker vermindert wird: Bei sonst gleicher Auslegung ergibt eine Erhöhung der Kühlwassereintrittstemperatur um nur 2 Grad bei einem Kernkraftwerk eine Leistungsminderung um 1 %. Bei einem konventionellen Dampfkraftwerk tritt dieselbe Leistungsminderung erst bei *3 Grad* Temperaturerhöhung im Kühlwasser ein.

Luftkühlung mag für kleine Kraftwerke an besonders verbrauchernahen Standorten geeignet sein. Für die in Zukunft erforderlichen großen Leistungseinheiten müßten jedoch Luftkühltürme von so gewaltigen Dimensionen gebaut werden, daß nicht nur der relative Flächenbedarf dieser Kraftwerke sich praktisch verdoppeln würde, sondern auch die Investitionskosten pro Anlage immens steigen würden. Im Falle der Kernkraftwerke kommt hierzu, daß durch den Zwang zur völligen Vermeidung der Abgabe radioaktiver Abwässer weitere sehr hohe Mehrkosten entstehen würden.

Abbildung 4 soll die relativen Investitionsmehrkosten für die am meisten standortunabhängigen Alternativlösungen zur Frischwasserkühlung zeigen.

	Investitionsmehrkosten		
	für das Kühlsystem	zum Erreichen der Nennleistung	Gesamte Investitionskosten
Frischwasserkühlung	–	–	100%
Kühlturmkülung Naturzug-Naßkühlung	+2,4%	+1,4%	103,8%
Luftkühlung Naturzug-Trockenkühlung „System Heller"	+10,8%	+3,9%	114,7%

Abb. 4: Vergleich der Investitionskosten für verschiedene Kühlsysteme bei einem 680 MWe-Kernkraftwerk

Wir haben dabei zu unterscheiden zwischen den Mehr-Investitionen für das reine Kühlsystem einerseits und für die Vergrößerung der Dampferzeugungsanlage zum Erreichen der Gesamt-Nennleistung andererseits.

Der Vergleich bezieht sich auf ein Kernkraftwerk, das bei Frischwasserkühlung 680 MWe erzeugt. Unter der Annahme mittlerer deutscher Kühlwasser- und Luftbedingungen ergibt sich folgender Investitionsmehrbedarf für die Kühlsysteme:

2,4 % bei reinem Kühlturmbetrieb,
10,8 % bei Luftkühlung.

Durch die sich dabei einstellenden höheren Endtemperaturen der Dampfprozesse fallen die Wirkungsgrade und damit die erzeugte Nettoleistung. Man hat daher noch das Dampferzeugungssystem zu vergrößern, um wieder 680 MWe zu erreichen; der Investitionsmehrbedarf beträgt dafür:

1,4 % bei reinem Kühlturmbetrieb,
3,9 % bei Luftkühlung,

insgesamt also ergeben sich Mehr-Investitionen von

3,8 % bei reinem Kühlturmbetrieb,
14,7 % bei Luftkühlung.

Nicht berücksichtigt sind hierbei die Mehrkosten, die durch die Verminderung oder eventuell totale Vermeidung der Abgabe radioaktiver Abwässer entstehen können.

Flüsse liefern nicht nur das nötige billige Kühlmittel, sie liefern es auch mit der gewünschten niedrigen Temperatur.

Zugleich liegen an den Flüssen auch große Verbraucherschwerpunkte, und die großen Hochspannungsleitungen folgen in vielen Fällen den Flüssen, wodurch der dort bei guten Prozeßwirkungsgraden erzeugte Strom über kurze Wege relativ billig zum Endverbraucher transportiert werden kann. Dies alles spricht *für* Flußstandorte.

Dagegen spricht die Belastung der Flüsse. Die zugeführte Wärme kann die Biologie der Flüsse stören, im Falle von Kernkraftwerken kommt noch die Einleitung *radioaktiver Abwässer* hinzu.

Betrachten wir einmal, wie sich *heute* die Kraftwerke, die Kühlwasser benötigen, über das Gebiet der Bundesrepublik Deutschland verteilen. Abbildung 5 zeigt dazu eine Karte der Bundesrepublik Deutschland mit ihren Nachbargebieten, in der die wichtigsten deutschen Flüsse und alle Kraftwerke mit einer Leistung über 100 MW eingezeichnet sind. Aus der Darstellung geht bereits hervor, daß hier nicht nur bereits in Betrieb befindliche Kraftwerke dargestellt wurden, sondern auch alle im Bau befindlichen sowie die Kraftwerke, von denen wir heute wissen, daß sie bis 1972 in Auftrag gegeben werden sollen.

Die Zahlenangaben in MWe neben den Flußnamen stellen die am jeweiligen Fluß bis 1972 im Betrieb befindliche, im Bau befindliche oder in Auftrag gegebene Gesamtleistung dar. In diesen Zahlen sind auch die Kraftwerke unter 100 MW Blockleistung mit enthalten. Betrachtet man diese Gesamt-Leistungsangaben pro Fluß, so sieht man sofort, daß die großen Flüsse, wie Rhein, Main, Donau und Elbe, auch im Jahr 72 noch nicht besonders stark mit Kraftwerken bestückt sein werden, während die kleineren Flüsse, wie Neckar, Weser, Ruhr und Lippe, im Verhältnis zu ihrer Wasserführung wesentlich stärker belastet sein werden, zum Teil sind sie es heute schon.

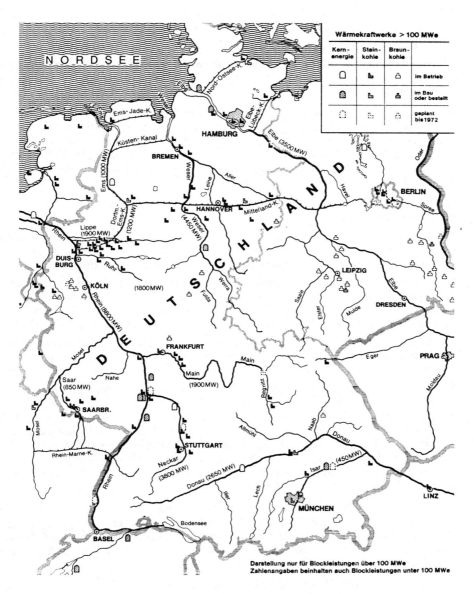

Abb. 5: Wärmekraftwerke an deutschen Flüssen einschließlich bekannter Planungen bis 1972

Aus einem Aufsatz von FRIEDRICH SCHWILLE ist die in Abbildung 6 dargestellte Karte der langjährigen Mittel der Niedrigwasserabflüsse entnommen; in diese Karte wurden jedoch nochmals die Zahlen der pro Fluß im Jahr 1972 zu erwartenden installierten bzw. projektierten Gesamtleistung mit eingetragen.

Hier wird nun besonders deutlich, daß die Belastung unserer großen Flüsse durch Kraftwerke bis zum Jahr 1972 noch nicht sehr hoch sein wird.

Diese Aussage gilt jedoch nur unter der Annahme, daß die Abstände zwischen den einzelnen Kraftwerken entlang der Flüsse nicht zu klein sind, so daß die zugeführte Wärme auf dem Weg des Flusses zum nächsten Kraftwerk wieder an die Umgebung abgegeben werden kann.

Aus *gesamtwirtschaftlicher* Sicht soll elektrische Energie möglichst billig erzeugt werden, ohne daß die Umwelt in irgendeiner Weise darunter zu leiden hat. Erfüllt werden diese Forderungen von den großen Kernkraftwerken, sofern sie an Flüssen durch Frischwasser gekühlt werden. Nimmt jedoch die Verschmutzung der Flüsse weiter zu und leitet man *daraus* die Forderung nach geringerer Aufwärmung der Flüsse ab, dann ist das Kühlwasserproblem der Zukunft unlösbar!

Der richtige Weg, dieses mögliche Zukunftsproblem bereits heute im Ansatz zu vermeiden, könnte nach meiner Meinung wie folgt aussehen:

1. Die *Verschmutzung* unserer großen Flüsse durch industrielle und Haushaltsabwässer muß radikal verhindert werden; es nützt der kalte Fluß weder den darin lebenden Fischen noch der Erholung suchenden Bevölkerung, wenn er nur noch Abwasser führt.
2. Da sich eine bestimmte Verschmutzung unserer Flüsse nicht *vollkommen* vermeiden läßt, ist die genaue Erforschung des biologischen *Selbstreinigungsverhaltens* der Flüsse in Abhängigkeit von der Art der Verunreinigungen, in Abhängigkeit vom Sauerstoffgehalt und von der Temperatur des Wassers dringend erforderlich.
3. Ist dieser Zusammenhang geklärt, dann ist der nächste Schritt *die Festlegung der maximal zulässigen Flußwassertemperatur,* um für Fische, Flußschlamm und Uferfiltrate, die ins Grundwasser gelangen, insgesamt die besten Bedingungen zu schaffen.
4. Ein auf diesem Wege gut kontrollierter Fluß kann dann mit einer ganz bestimmten *Anzahl großer Kraftwerke,* zweckmäßigerweise großer *Kernkraftwerke,* bestückt werden. Fossil beheizte Dampfkraftwerke könnten aufgrund ihrer kleineren Leistungseinheiten zunächst noch an kleineren Flüssen mit Frischwasserkühlung oder mit Ablauf- bzw. Mischkühlung errichtet werden. Die Optimierung der Standorte wird zweifelsohne dazu führen, daß bereits parallel zu den an Flüssen errichteten Kraftwerken auch Küstenkraftwerke oder konventionelle und nukleare Kraftwerke mit reinem Kühlturmbetrieb gebaut werden.

Es müßte möglich sein, den hier vorgezeichneten Weg hinsichtlich der Erforschung unserer Flüsse in den nächsten 10 Jahren erfolgreich zu gehen. Dies erfordert die *Zusammenarbeit* nicht nur der in Deutschland daran beteiligten Behörden und Unternehmen, sondern auch eine sehr enge Zusammenarbeit mit unseren Nachbarstaaten, sofern die betrachteten Flüsse durch mehrere Länder verlaufen.

Ein Modell für überregionale Zusammenarbeit bietet die Arbeitsgemeinschaft der Länder Baden-Württemberg, Bayern, Hessen, Nordrhein-Westfalen, Rheinland-Pfalz und Saarland zur Reinhaltung des Rheins, die 1971 mit der Veröffentlichung „Wärmelastplan Rhein" erste Arbeitsergebnisse vorgelegt hat. Eine zukunftsorientierte Kraftwerksplanung wird auf vergleichbare Untersuchungsergebnisse über die Kühlwassersituation, auf der Basis der tragenden Flußsysteme der BRD, nicht verzichten können.

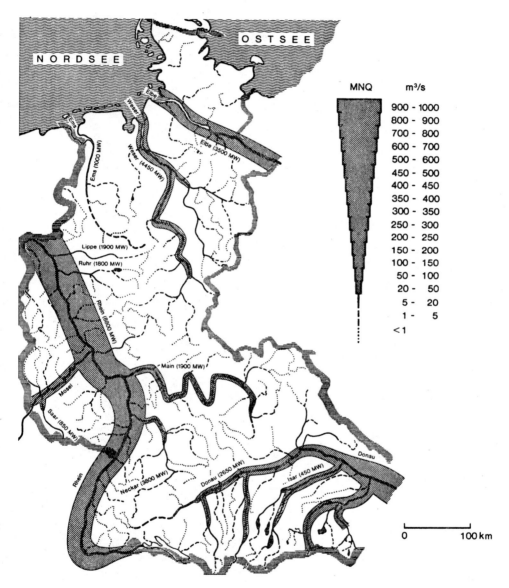

Abb. 6: Karte der langjährigen Mittelwerte der Niedrigwasserabflüsse mit den bis 1972 geplanten Wärmekraftwerksleistungen

Grundsatzfragen zur Standortorientierung bei Kraftwerksplanungen in Bayern

von

Werner Pietzsch, München

I. Die energiewirtschaftliche Ausgangslage

Die landesplanerischen Zielsetzungen zur Sicherung der Energieversorgung in einem Raum mit wachsender Industrialisierung, für den der Freistaat Bayern ein treffendes Modell ist, werden in zunehmendem Maße von Fragen des Umweltschutzes tangiert. Die aus Kraftwerksplanungen resultierenden Standortbedingungen und Standortfaktoren beeinflussen als Folge technisch-ökonomischer Gegebenheiten und kraftwerkstechnischer Größenordnungen, weit mehr als in dem zurückliegenden Zeitabschnitt des Strukturwandels, die Landesentwicklung in Bayern. Die Standortwahl für neue Kraftwerke, insbesondere für Großkraftwerke, wird, wesentlich stärker als es bisher der Fall war, zum zentralen Gegenstand der Raumordnungspolitik im allgemeinen und der regionalen Energiepolitik im besonderen.

Wenn wir davon ausgehen, daß der Stromverbrauch jährlich um 7 % steigt, dann muß sich bei Unterstellung gleichbleibenden Bedarfs das Stromangebot in der BRD etwa alle 10 Jahre verdoppeln. Damit ist gesagt, daß die in Form von Kraftwerksleistung bereitzustellende Energie durch Vergrößerung der installierten Kraftwerkskapazitäten gesichert werden muß. In der energiewirtschaftlichen Fachwelt ist man sich darüber einig, daß bis zum Jahre 2000 mit einer Steigerung der installierten Leistung in der BRD bis auf mehr als 200 Mio. KW gerechnet werden kann.

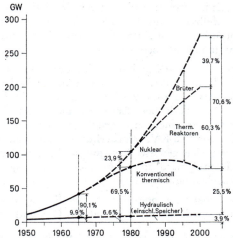

Abb. 1: Entwicklung der Brutto-Engpaßleistung in der BRD bis zum Jahr 2000
Quelle: atomwissenschaft — atomtechnik, 1967, S. 49.

Geht man davon aus, daß Bayern an der bereits typisch gewordenen Engpaßleistung seinen Anteil mit etwa 17 % beibehalten sollte, dann müßten hier bis zum Ausgang unseres Jahrhunderts rd. 34 Mio. KW installiert werden. In dieser Größenordnung liegt die Problematik der Standortwahl mit ihren Ansprüchen an die Raumkapazität aus energiewirtschaftlicher Sicht. Damit ist zugleich die Tragfähigkeit des Raumes für neuzeitliche Kraftwerksplanungen angesprochen, die im wesentlichen in der Wassernutzung gipfelt.

Es dürfte sicher sein, daß die neu zu erstellende Kraftwerkleistung nahezu ausschließlich auf der Basis von Wärmekraftwerken zu installieren sein wird. Außerdem muß damit gerechnet werden, daß die Ausweitung der Kapazität nur auf der Grundlage von Großkraftwerken mit mindestens 1000 KW erfolgen wird, nicht allein aus Gründen der Wirtschaftlichkeit und Rentabilität, sondern weil auch die raumökonomische Nutzung auf Grund der Standortbedingungen optimal gewährleistet sein muß und schließlich die Erzeugungskosten in großen Blockeinheiten wesentlich geringer sind als bei der Verwendung von kleineren Einheiten.

Wenden wir uns dem Bereich der Standortfragen bei der Planung von Großkraftwerken zu, dann treten folgende Gesichtspunkte, die bei der Beurteilung der Standortwerte zu berücksichtigen sind, auf: die Verbrauchsdichte, die Eingliederung in das Verbundnetz, die Brennstoff-Transportkosten und die Kühlwasserbeschaffung. Wir haben die Verbrauchsdichte deshalb an die Spitze der standortbestimmenden Faktoren gestellt, weil noch immer die Faustregel Gültigkeit hat, daß $^2/_3$ der Stromkosten beim Verbraucher durch Transport und Verteilung bedingt sind. Wie die Karte über die Verbraucherdichte in Bayern zeigt, (Abb. 2) ist, von den drei Stadtregionen München, Nürnberg und Augsburg einmal abgesehen, eine Konzentration des Verbrauchs an keiner Stelle so groß, daß aus der räumlichen Verdichtung heraus die Standortbedingung für ein Kraftwerk in der Größe von 1000 MW als erfüllt bezeichnet werden kann. Vielmehr müßte die Energie in jedem Falle aus einer Großkraftwerksanlage über mehr oder weniger weite Strecken in Regionen transportiert werden, in denen neu auftretender Strombedarf gedeckt werden könnte. Energieplanerisch wäre das sicher keine schwer zu lösende Frage; ob es jedoch raumplanerisch tragbar und betriebswirtschaftspolitisch vertretbar wäre, erscheint zumindest zweifelhaft. Aus Gründen der in unserer Standortbetrachtung liegenden Zielsetzung brauchen diese Zusammenhänge nicht weiter vertieft zu werden; sie sollten aber auch nicht ganz übersehen werden.

Die Verbrauchsdichte spielt letztlich hinsichtlich der Standortwahl regionalpolitisch in Bayern keine entscheidende Rolle. Von weit größerer Bedeutung ist dagegen die Standortsituation der Kraftwerke zum Verbundnetz im Hinblick auf den Abtransport großer Energiemengen. Da jedoch bei der Errichtung mehrerer Großkraftwerke in Bayern künftig die Erstellung eines leistungsfähigen Verbundnetzes von mindestens 380 KV, wenn nicht sogar von 500 KV, erforderlich wird, ist von dieser Seite aus gesehen für die Standortwahl noch eine gewisse Bewegungsfreiheit in einigen bayerischen Planungsräumen gegeben. Darauf wird später im Zusammenhang mit dem Kühlwasserproblem noch näher einzugehen sein.

Beschäftigen wir uns aber erst noch etwas mit Fragen der Kraftwerkstechnik[1]). Wärmekraftwerke werden sich in erster Linie auf Öl, Gas und Atomenergie als Brenn-

---

[1]) Vgl. hierzu den Beitrag von A. BACHMAIR in diesem Band über „Standortbeeinflußende technische Fakten für Bau und Betrieb von thermischen Kraftwerken", in dem die raumwirksamen Determinanten eingehend dargestellt werden.

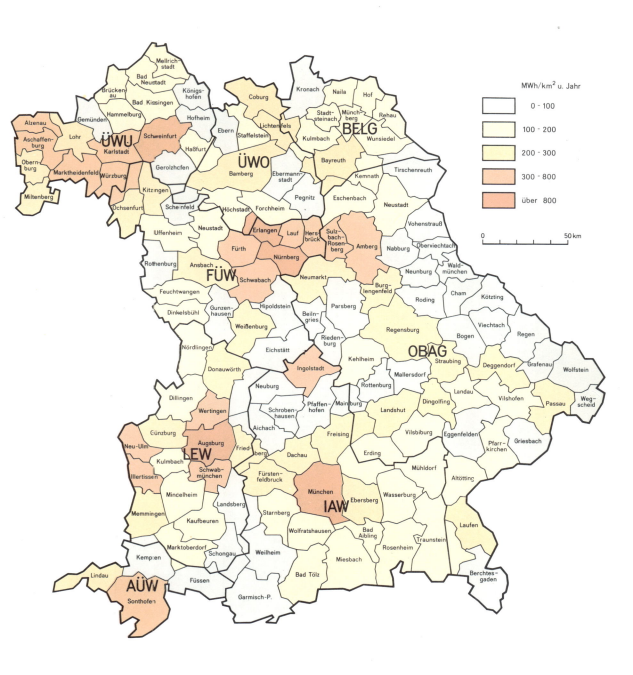

Abb. 2: Strom-Abnahmedichte der Landkreise in Bayern

stoffquellen stützen. Soweit Öl und Gas in Frage kommen, wird die jeweilige Lage zu Raffinerien, beispielhaft ist auf Ingolstadt hinzuweisen, oder die Anbindung an Rohrleitungen von Bedeutung sein, um die Brennstoff-Transportkosten auf ein Minimum zu senken. Für die in der weiteren Zukunft sicherlich dominierende Atomenergie spielt die Frage der Kostenminimierung für diesen Bereich jedoch eine untergeordnete Rolle, weil die Versorgung der Atomkraftwerke mit Brennstoff transportkostenmäßig nur eine geringe Belastung darstellt.

Die Kühlwasserbereitstellung ist dagegen für Großkraftwerke, gleich welcher Kategorie, von ausschlaggebender Bedeutung. Im allgemeinen ist Frischwasserkühlung vorzuziehen, weil sie vom Kosten-Nutzen Standpunkt für den energiewirtschaftlichen Leistungsprozeß die billigste Lösung darstellt. Die Rückkühlung erhöht nach dem heutigen Stand der Kosten und der Technik den Erzeugerpreis aber bereits um rd. 3,8 %, die Luftkühlung verteuert den Strom sogar um 14,7 %[2]). Zwischen diesen Extremen liegen gemischte Verfahren, die zwei der genannten Kühlsysteme miteinander verbinden. Wenn der Freistaat Bayern seinen Anteil an der Engpaßleistung halten will, und das war eine unserer ersten an den Anfang gestellten Hypothesen, dann müßten mindestens 34 Kraftwerke zu 1000 KW erstellt werden, wenn nicht überhaupt im Laufe der Jahre noch zu größeren Kraftwerkseinheiten übergegangen wird oder Kraftwerksleistungen aus Gebieten außerhalb Bayerns zur Bedarfsdeckung herangezogen werden. Für die Annahme, im Rahmen einer großangelegten Energieplanung — etwa als Gegenstand der Landesentwicklung — mehrere Großkraftwerke in einem überschaubaren Zeitabschnitt zu bauen, sollen nun die Möglichkeiten für Kraftwerksstandorte in Bayern unter besonderer Berücksichtigung der Kühlwasserbeschaffung untersucht werden.

II. Standorte für Großkraftwerke im Hinblick auf den Kühlwasserbedarf

Ein wesentlicher Faktor zur Beurteilung der Frage, welche Standortmöglichkeiten für die Errichtung von Großkraftwerken in Bayern noch bestehen — unter der Voraussetzung, daß Frischwasserkühlung aus Gründen der Kostenersparnis angewendet wird —, ist die Lösung des Problems der zulässigen Aufheizung der Flüsse durch das abgegebene Kühlwasser.

Ganz allgemein werden für die Verhältnisse in der BRD Spannen von 3 bis 6° C, bezogen auf die mittlere Wasserführung, für die Aufheizung der Flüsse durch Abgabe von Kühlwasser als noch vertretbar angesehen. Diese Zahlen stellen die Grenze dafür dar, daß eine Einleitung von Kühlwasser in die Flüsse noch möglich ist, wobei selbstverständlich jeder Einzelfall auf die gegebenen Möglichkeiten untersucht werden muß. Wie weit die Aufwärmung des Flußes entsprechend der unteren oder oberen Grenzwerte getrieben werden kann, hängt natürlich von seiner Vorbenutzung durch andere Wasserverbraucher ab. Auch die Frage, ob der Fluß zur Trinkwasserversorgung herangezogen wird, ist dabei von Bedeutung. Ein zu stark erwärmtes Trinkwasser kann nachteilige Folgen für die Verteilungsleitungen haben, da bei zu hoher Temperatur Algenbildungen an den Rohrleitungen kaum zu vermeiden sind.

---

[2]) Vgl. hierzu auch den „Vergleich der Investitionskosten" im Beitrag von A. SCHULLER in diesem Band über „Flächenbedarf von Kraftwerken mit einer Stellungnahme zum deutschen Kühlwasserproblem". — Die graphische Darstellung über den Rückgang der durch ein Dampfkraftwerk verursachten sprunghaften Wassererwärmung eines Flusses in der Fließstrecke (Seite 54) macht das Problem deutlich.

Ein wesentlicher Gesichtspunkt ist auch die Charakteristik der Wasserführung des jeweiligen Flusses, da große Schwankungen, vor allem nach der Niedrigwasserseite, den Spielraum für die Aufwärmung des Flusses bei mittlerer Wasserführung erheblich einengen. Gerade in Bayern ist dieser Gesichtspunkt von besonderer Bedeutung, da die meisten in Frage kommenden Flußstrecken mit höherer Wasserführung — andere Flußstrecken kommen für die Betrachtung über den Bau von Großkraftwerken mit Leistungen um 1000 MW nicht in Frage — einen gewissen Gebirgsflußcharakter haben. Die Isar hat z. B. bei Landshut ein Verhältnis von mittlerer Wasserführung zu Niedrigwasserführung von 1 : 0,35, die Donau bei Kehlheim ein Verhältnis von 1 : 0,26, bei Günzburg sogar nur von 1 : 0,17. Dazu kommt noch, daß für die Abkühlung der Flüsse an den jeweiligen Einleitstellen völlig unterschiedliche Verhältnisse herrschen, je nach Fließgeschwindigkeit, Umgebung, Untergrund, Tiefe u. a. m. Auch die ökologischen Bedingungen, d. h. die Auswirkungen auf Fauna und Flora im Fluß, können nicht nach einer allgemeinen Formel beurteilt werden. Besonders hier sind die örtlichen Gegebenheiten, fast im Sinne von Standortbedingungen, von ausschlaggebender Bedeutung. Bei Einleitung des Kühlwassers in natürliche Seen ohne große Wasserbewegungen ist die mittlere Wärmeabgabe der Seeoberfläche an die Luft ein Kriterium für die zulässige Erwärmung des Seewassers durch Einleitung des erwärmten Kühlwassers. Auch hier gelten keine Werte mit allgemeiner Gültigkeit, da diese sowohl von der Tiefe als auch von der Wassertemperatur und von der Oberfläche der Seen und der geographischen Umgebung weitgehend verschieden beeinflußt werden.

Ganz allgemein kann festgestellt werden, daß nach dem heutigen Stand der Technik bei Erzeugung von 1 kWh rd. 1500 Kal. an das Kühlwasser abgegeben werden; dies entspricht etwa einem Wirkungsgrad von 47,5 %, wobei reine Frischwasserkühlung zugrunde gelegt ist[3]). Bei Verwendung von herkömmlichen Brennstoffen sinkt die Wärmeabgabe des Kühlwassers an den Fluß gering ab, da diese Kraftwerke mit einem etwas besseren Wirkungsgrad fahren. Allgemein kann für die Zukunft sicher auch eine Verbesserung des Wirkungsgrades bei Kernkraftwerken erwartet werden.

Rückkühlungen benötigen selbstverständlich weniger Kühlwasser, da es sich um einen geschlossenen Kreislauf des Wassers handelt. Der Kühlwasserverlust liegt etwa bei $2^{1}/_{2}$ %, allerdings kann dieser Wert nur als Richtschnur genommen werden, da die Eintrittstemperatur des Kühlwassers sowie der geographische Standort der jeweiligen Anlage nicht ohne Einfluß auf den Kühlwasserverlust sind.

III. Spezielle Standortdeterminanten bei Kraftwerksneuplanungen

Versuchen wir nun die Kühlwasserproblematik mit Hilfe eines Betriebsmodells noch weiter zu erläutern. Dabei soll von einer Betrachtung eines Kraftwerks mit 1000 MW, betrieben durch Kernenergie, ausgegangen werden. Nach den vorausgegangenen Feststellungen gibt ein solches Kraftwerk 1500×10^6 Kal./h an das Kühlwasser ab. Rechnet man, wie an anderer Stelle ebenfalls schon festgestellt wurde, mit einer zulässigen Aufwärmung des Flusses von 3° C, dann benötigt ein 1000 MW-Kraftwerk rd. 500 000 m³ Wasser pro Stunde an fließender Welle oder rd. 140 m³/s bei mittlerer Wasserführung.

---
[3]) Vgl. hierzu die von A. SCHULLER in seinem Beitrag in diesem Band aufgestellte Energiebilanz moderner Dampfkraftwerke.

Unter der Annahme, daß bis zum Jahre 2000 rd. 200 Mio. kW für die Deckung des Energiebedarfs in der BRD neu erstellt werden müssen, ergibt sich ein Neubaubedarf von 200 Kraftwerken mit je 1000 MW. Das entspricht einem Gesamtkühlwasserbedarf an fließender Welle bei Frischwasserkühlung von 200×140 m³/s = 28 000 m³/s. Diese Annahme basiert auf einer zulässigen Erwärmung von 3° C. Und weiter: Wenn alle Anlagen, die bis zum Jahre 2000 neuerstellt werden, mit Rückkühlung ausgelegt werden würden, ergäbe das immer noch eine Verlustwassermenge von rd. 250 m³/s bei einem Kühlwasserbedarf von rd. 50 m³/s.

In diesem Zusammenhang stellt sich die Frage: welche Standorte kämen für Großkraftwerke auf der Basis von Kernenergie in Bayern in Betracht? Gehen wir davon aus, daß in Bayern bis zum Jahre 2000 rd. 34 Mio. kW für neue Kraftwerksleistungen installiert werden müßten und nimmt man im Hinblick auf die Verbrauchsdichte in Bayern an, daß ein Kraftwerkstyp von 1000 MW installiert wird, so müßten in dieser Größenordnung 34 Kraftwerke errichtet werden. Bei noch größeren Kraftwerkseinheiten würde die Zahl der Anlagen selbstverständlich zurückgehen, jedoch würde die Frage der Standortwahl noch schwieriger zu lösen sein.

Wie wir schon aufgezeigt haben, benötigt ein Kraftwerk rd. 140 m³/s fließende Welle, um die anfallende Wärme innerhalb einer zulässigen Erwärmung von 3° C aufzunehmen. Dabei setzt diese Annahme schon voraus, daß eine 100 %ige Mischung von erwärmten Kühlwasser mit fließender Welle erfolgt, was bekanntlich nicht der Fall ist. Bei dem geplanten Großkraftwerk in Biblis rechnet man z. B. sogar mit einer gleichmäßigen Durchmischung des Wassers im halben Stromstrich; dort sind allerdings auch größere Wassermengen in der fließenden Welle vorhanden. Es soll trotzdem bei der optimistischen Annahme der völligen Durchmischung geblieben werden. Somit erhebt sich die Frage, welche Wasserdarbietungen kommen in Bayern dann für die Ansiedlung von Großkraftwerken mit thermischer Energie in Betracht? Nach den Abflußstatistiken wären das die folgenden Flußstrecken:

Inn rd. 200 km (innerhalb Bayerns),
Donau rd. 380 km (Ulm bis Passau),
Salzach rd. 55 km (Landesgrenze bis Mündung),
Isar rd. 84 km (Ampermündung bis Donaumündung),
Main rd. 90 km (Taubermündung bis Aschaffenburg).

Von diesen Strecken ist der Main für Frischwasserkühlung als nur sehr beschränkt brauchbar anzusehen, da er bereits heute so hohe Temperaturen hat, daß eine weitere Aufheizung um 3° C bei mittlerer Wasserführung wohl erhebliche ökologische Folgen haben würde. Es bleiben also etwa 720 km Flußstrecke in Bayern mit einer mittleren Wasserführung, die eine Ansiedlung von thermischen Großkraftwerken zulassen würde. Zieht man in Betracht, daß von diesen 720 km bestimmt rd. 300 km aus Gründen der Besiedlung oder bereits erfolgter Industrienutzung nicht in Frage kommen, so bleiben rd. 400 km für die Ansiedlung von 34 Kraftwerken als Streckennutzung zur Verfügung, d. h. etwa alle 12 km müßte ein neues Dampfkraftwerk errichtet werden, wenn in Bayern nur mit Frischwasserkühlung gearbeitet werden würde (siehe hierzu auch die als Abb. 3 beigefügte Karte „Donauzuflüsse und deren Wassertemperatur"). Bei dieser Betrachtung ist ein wesentlicher Faktor noch außer Acht gelassen worden: Die rechnerischen Werte beziehen sich alle auf mittlere Wasserführung. Man muß hinzufügen, daß die Wasserführungen ganz erheblich schwanken, wie die folgende

Übersicht über das Verhältnis von mittlerer Wasserführung zu Niedrigwasserführung zeigt:

1 : 0,24 im Inn,
1 : 0,23 in der Donau,
1 : 0,17 in der Salzach,
1 : 0,35 in der Isar,
1 : 0,20 im Main.

Das heißt also, daß die Aufwärmung bei Niedrigwasserführung etwa das 4fache, also rd. 12° C, in der fließenden Welle betragen würde. Obwohl Niedrigwasserführung, was bei den Gebirgsflüssen häufig ist, vorzugsweise im Winter anfällt, jedoch auch bei Trockenheit im Sommer, ist von der Temperatur her die Situation noch nicht bedenklich, wenn man davon ausgeht, daß eine Aufwärmung auf über 30° C am Einleitungsort nicht erfolgen sollte. Was allerdings die ökologischen Folgen betrifft (Winterruhe der Fische und sonstige biologische Folgen), muß einer Prüfung der Einzelfälle unterliegen.

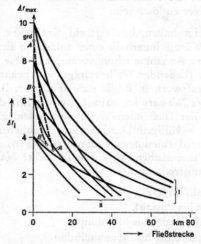

Abb. 4: *Rückgang der durch ein Dampfkraftwerk verursachten sprunghaften Wassererwärmung eines Flusses in der Fließstrecke unterhalb des Werkes*
Quelle: Studie der „Electricité de France". In: Zeitschrift „Elektrizitätswirtschaft" 1971, H. 4, S. 78.

Die verfügbare Kühlwassermenge ist aber für den Standort der Kraftwerke allein nicht ausschlaggebend. Ein wichtiger Faktor ist die Wärmeabgabe an den Fluß unterhalb der Kühlwassereinleitung, denn diese ist bestimmend für den Abstand der Kraftwerke am Fluß. Sicher folgt hier jedes Flußsystem eigenen Gesetzen, die durch Ausgangswassertemperaturen, Fließgeschwindigkeit, Umgebung, u. a. m. bedingt sind. Als Anhaltspunkt können jedoch bereits vorliegende Untersuchungen zugrunde gelegt werden. Der in Abb. 4 dargestellte Verlauf des Rückgangs der Wassererwärmung in der Fließstrecke unterhalb eines Werkes ergibt Abkühlungsstrecken von rd. 40 bis 80 km. Eine auf deutsche Verhältnisse zugeschnittene Studie der „Kraftwerk Union A. G." (Vortrag Künstle) kommt zu dem Ergebnis, daß bei der Annahme einer Abkühlstrecke von 100 km in Deutschland nur noch folgende Großkraftwerke errichtet werden können:

Kraftwerksbelegung mit L = 100 km und Ausnutzung des vollen Wärmeabfuhrvermögens
(Grenztemperatur T_G = 25° C)

Flüsse	Anzahl Blöcke	je MW	Gesamt MW
1. Rhein	160	à 600	96 000
2. Donau	28	à 600	16 800
3. Inn	14	à 600	8 400
4. Elbe	8	à 600	4 800
5. Weser	7	à 600	4 200
6. Isar	6	à 600	3 600
7. Main	4	à 450	1 800
8. Neckar	1	à 360	360
			135 960

Kraftwerksbelegung mit L = 100 km und Aufheizung um 5° C (T = 5° C)

Flüsse	Anzahl Blöcke	je MW	Gesamt MW
1. Rhein	72	à 600	43 200
2. Donau	10	à 600	6 000
3. Elbe	8	à 600	4 800
4. Inn	6	à 600	3 600
5. Weser	3	à 600	1 800
6. Isar	1	à 600	600
7. Main	2	à 450	900
	2	à 360	720
8. Neckar	1	à 300	300
			61 920

Kraftwerksbelegung mit L = 100 km und Aufheizung um 3° C (T = 3° C)

Flüsse	Anzahl Blöcke	je MW	Gesamt MW
1. Rhein	42	à 600	25 200
2. Donau	6	à 600	3 600
3. Elbe	5	à 600	3 000
4. Inn	3	à 600	800
5. Weser	2	à 600	1 200
6. Isar	1	à 360	360
7. Main	1	à 300	300
8. Neckar	kein Block über	300	—
			35 460

Eine Auswertung dieser Zahlen im Sinne unserer Thematik zeigt folgendes Bild: Bei einer Aufwärmung des Flusses um 3° C ergeben sich für die bayerischen Flußgebiete Donau, Inn, Isar und Main rd. 5000 MW, die noch auf der Basis von Frischwasserkühlung zu errichten wären. Dabei ist berücksichtigt, daß die Donau bei Gundremmingen, dem Standort des ersten bayerischen Atomgroßkraftwerks, schon teilweise für Kühlzwecke beansprucht ist und daß die Strecken von Donau und Inn, soweit sie die Landesgrenze bilden, nicht voll in die Rechnung eingesetzt werden dürfen. Unter diesen

Umständen muß man zu dem Ergebnis kommen, daß die Kapazität für Frischwasserkühlung für rd. 5000 MW sich nochmals auf rd. 3000 MW reduziert. D. h. also, daß der größte Teil des Leistungsbedarfs der bayerischen Elektrizitätsversorgung, wenn er wie vor erwähnt mit 34 000 MW im eigenen Land gedeckt werden soll, durch Kraftwerke auf Rückkühlbasis gedeckt werden muß. Der Raumbedarf eines Rückkühlkraftwerkes von rd. 1000 MW für die Kühlanlage ist erheblich und die Gefahr der Nebelbildung sowie die Frage der Deckung der Wasserverluste spielen dabei zusätzlich noch eine Rolle.

IV. Zusammenfassung und Ausblick

Die Untersuchung läßt erkennen, welche standortpolitischen und wasserwirtschaftlichen Probleme beim Ausbau der Elektrizitätserzeugung in Bayern und sicher auch in der BDR auftreten werden, wenn der vorausgeschätzte Bedarf bis zum Jahr 2000 durch Atomenergie gedeckt werden soll. Anzunehmen ist, daß im großen Maßstab auch auf rückgekühlte Kraftwerke, welche rd. 4 % höhere Kosten verursachen (vgl. die Arbeit von A. SCHULLER in diesem Band), zurückgegriffen werden muß, wobei an eine gemischte Anlage teils mit Frischwasser, teils mit Rückkühlung gedacht werden könnte, die in ihren Anlagekosten wahrscheinlich noch höher liegen wird, da der Kühlwasserkreislauf für beide Systeme ausgelegt werden muß.

Für die Frischwasserkühlung käme in Bayern auch die Heranziehung von Seen in Frage. Welche Seen im einzelnen dafür geeignet sind, läßt sich nicht ohne weiteres sagen. Beispielsweise wäre eine Anlage am Walchensee infolge seiner großen Tiefe und der niedrigen Wassertemperatur sehr wohl möglich. Im allgemeinen hängt diese Frage mit dem Charakter des jeweiligen Sees (Tiefe, Oberflächenzustand) und dem Besiedlungsgrad seiner Ufer zusammen. In dem einen oder anderen Fall wird man auf diese Wasserspeicher zurückgreifen können, wie es z. B. in den USA schon der Fall ist, obwohl die Möglichkeiten dafür begrenzt sind, wie die Erfahrung gezeigt hat. Reine Luftkühlung dürfte nur in beschränktem Umfange in Frage kommen, da die Kosten für luftgekühlte Anlagen ca. 14 % über den Kosten frischwassergekühlte Kraftwerke liegen, wie dem Beitrag von A. SCHULLER in diesem Band zu entnehmen ist.

Die Wärmeabführung aller Anlagen der Energieerzeugung und -anwendung in der BRD wird im Jahr 2000 auf 3 W/qm geschätzt; das sind rd. 2 % der durch die Sonne ausgestrahlten Leistung[4]. Mit diesem Hinweis soll angedeutet sein, wie groß die Zukunftsaufgabe im Bereich von Energieplanung und Landesentwicklung ist, wobei die Probleme des Umweltschutzes noch eine ganz besondere Rolle spielen werden. In Verbindung damit muß abschließend noch einmal unterstrichen werden, daß unsere Betrachtung auf der Grundlage von 1000 MW-Kraftwerken in Bayern aufgebaut ist. Wir haben an anderer Stelle aber auch schon angenommen, daß die Kraftwerkseinheiten größer werden könnten, wissen aber auch bereits, daß die Standortwahl dann noch schwieriger werden dürfte. Die heute mögliche Konsequenz unter raumordnungspolitischen Aspekten dürfte jedoch darin liegen, daß die Standortentscheidungen künftiger Großkraftwerke nur noch aus der Sicht großer Raumeinheiten getroffen werden können. Dazu muß der Verbundbetrieb schon jetzt unter groß angelegten Zielsetzungen raumplanerisch gesehen werden. Die Großraumwirtschaft macht eine energiewirtschaftliche Kontinentalplanung ohnehin unabdingbar.

[4]) Vgl. H. SCHAEFER: Aspekte der künftigen Energieerzeugung. In: Brennstoff-Wärme-Kraft, 5/1970.

Die energiewirtschaftliche Situation Mittelfrankens aus regionalplanerischer Sicht

von

Hans Fischler, Ansbach

I. Allgemeines zur raumwirtschaftlichen Lage

Mittelfranken, mit 7624 qkm der zweitkleinste Regierungsbezirk, hat mit 1,49 Mio. die drittgrößte Einwohnerzahl unter den 7 bayerischen Regierungsbezirken und nimmt mit einer weit über dem Landesdurchschnitt (148) liegenden Bevölkerungsdichte von 196 Einwohnern pro qkm den letzten Platz in Bayern ein.

Der Regierungsbezirk weist insgesamt gesehen eine recht günstige Beschäftigungsstruktur auf: Der Anteil der Erwerbstätigen in der Land- und Forstwirtschaft lag am 1. 1. 1969 bei 13,6 % (Landesdurchschnitt 16,6 %), während das produzierende Gewerbe mit 47,1 % zu 44,4 % und der Dienstleistungsbereich mit 39,3 % zu 39,0 % über dem Landesdurchschnitt lagen.

An zweiter Stelle steht Mittelfranken mit der Zahl seiner Industriebeschäftigten — 243 538 — und liegt bei einer Industriedichte von 164,4 Beschäftigten je 1000 Einwohner weit über dem Landesdurchschnitt von 127,7. Mittelfranken liegt im Industrieumsatz pro Beschäftigten mit 45 710 DM an dritter Stelle und damit gleichfalls über dem Landesdurchschnitt; in den Exportumsätzen je Beschäftigten in der Industrie mit 12 000 DM sogar an erster Stelle und stellt damit um die Jahreswende 1969/70 25 % des bayerischen Exports.

Das Brutto-Inlandsprokukt pro Kopf der Wirtschaftsbevölkerung lag im Zeitpunkt der letzten Erhebung (1966) mit 7 820 DM gleichfalls erheblich über dem Landesdurchschnitt von 7490 DM, wobei das produzierende Gewerbe einen Anteil von 51,7 %, der Dienstleistungsbereich von 43,1 % und die Landwirtschaft von 5,2 % stellten.

Mittelfrankens Steuerkraft liegt weit über dem Landesdurchschnitt. Sein Gewerbesteueraufkommen überschritt 1969 mit rund 259 DM pro Einwohner den Landesdurchschnitt erheblich (rund 235,70 DM). Ebenso lagen die Gemeindesteuereinnahmen mit 328,13 DM über dem Landesdurchschnitt von 300 DM.

Die monatlichen Durchschnittsverdienste der Industriebeschäftigten bewegen sich in Mittelfranken bei den Arbeitern mit 804 DM knapp unter dem Landesdurchschnitt von 812 DM, bei den Angestellten mit 1325 DM aber über dem Landesdurchschnitt von 1303 DM.

Geben diese Daten bereits ein insgesamt günstiges Bild von der gegenwärtigen Situation Mittelfrankens, so wird die Dynamik dieses Wirtschaftsraumes erst durch Betrachtung des Trends der letzten Jahre voll deutlich: Allein von 1968 bis 1969 stieg die Industriedichte um 7,6 %, der Industrieumsatz um 19,3 % und der Exportumsatz um 15,9 %. Das Bruttoinlandsprodukt pro Kopf der Wirtschaftsbevölkerung erhöhte sich von 1961 bis 1966 sogar um 40,9 %.

Trotz dieser günstig erscheinenden Daten ist der Regierungsbezirk mit Oberbayern der problemreichste Raum für die Bayerische Landesplanung. Insbesondere in der Industrieregion, die den östlichen Teil des Regierungsbezirkes umfaßt, besteht eine Vielzahl von Struktur-, Ordnungs- und Entwicklungsproblemen. Dieser Raum gehört nach dem Gutachten des Sachverständigenausschusses für Raumordnung (SARO) zu den zehn Ballungsgebieten der Bundesrepublik.

Dagegen sind der westliche und der südliche Teil des Regierungsbezirkes ausgesprochene Entwicklungsgebiete, die intensiver Förderung durch Strukturverbesserungsmaßnahmen bedürfen.

II. Besonderes zur Situation im Verdichtungsraum

Mit 1732,5 qkm hat der Verdichtungsraum (Stadt- und Landkreise Nürnberg, Fürth, Erlangen, Schwabach, der Landkreis Lauf sowie ein Teil des Landkreises Hersbruck) einen Flächenanteil von etwas mehr als einem Fünftel am gesamten Regierungsbezirk; die Einwohnerzahl von 1 001 956 nach dem Stande vom 1. 1. 1970 ergibt jedoch einen Anteil von 67,2 % an der mittelfränkischen Gesamtbevölkerung. Von den 30 Gemeinden des Regierungsbezirks mit einer Einwohnerzahl von mehr als 5000 liegen 19 im Verdichtungsraum. Auf 1 qkm entfallen 578 Einwohner (Vergleich Mittelfranken: 195,6; Bayern: 149,0). Die Besiedlungs- und Wohndichte kommt damit den Verhältnissen des Ruhrgebietes nahe.

Seit 1939 ist eine Bevölkerungszunahme um 279 711 oder 39,7 % zu verzeichnen. Die stärksten Zunahmen hatten aufzuweisen: die Stadt Erlangen + 48 026 = + 133 %, der Landkreis Fürth + 44 738 = + 128 % und der Landkreis Nürnberg + 37 304 = + 127,3 %. Der Verdichtungscharakter des Nürnberger Raumes, der sich bereits mit Beginn der Industrieaisierung abzeichnete, ist auf die gute Verkehrslage und auf die überkommene gewerbliche Tradition zurückzuführen.

Es ist damit zu rechnen, daß die Einwohnerzahlen in den nächsten Jahren weiter zunehmen werden. Besonders außerhalb der Städte, im Umland von Nürnberg-Fürth, Erlangen, Schwabach und Lauf, ist eine verstärkte Siedlungstätigkeit festzustellen. Die Zuwachsrate der „Kernzonen" im Verdichtungsraum ist in den letzten Jahren allerdings kleiner geworden. Nach einer Voraussage ist ein Anwachsen der Einwohnerzahl der Industrieregion ab Mitte 1969 um rund 84 500 oder um 8,5 % bis 1990 zu erwarten. Nach einer anderen Schätzung soll der Verdichtungsraum bis 1990 sogar um ca. 185 000 Einwohner wachsen.

Die Wirtschaftsstruktur des Verdichtungsraumes wird von der Industrie bestimmt. Der Wirtschaftsraum Nürnberg ist der industrieintensivste Nordbayerns (Industriedichte 190). Der stärkste Industriezweig ist die Elektroindustrie (einschließlich Elektrokeramik), gefolgt vom Maschinenbau und Fahrzeugbau. Große Bedeutung haben auch die Spielwarenindustrie und die Zweiradproduktion. In der Industriedichte standen am 1. 1. 1970 die Stadt Erlangen mit 309 Industriebeschäftigten je 1000 Einwohner und der Landkreis Lauf mit 252 an der Spitze vor der Stadt Nürnberg mit 237 und den Städten Schwabach mit 200 und Fürth mit 197 Industriebeschäftigten.

Das Gewicht der Industrie im Kern des Verdichtungsraumes wird dadurch verstärkt, daß um diese Brennpunkte noch eine Reihe bedeutender mittlerer Industriestandorte gruppiert ist, wie Roth, Lauf, Röthenbach/Pegnitz, Schnaittach/Neunkirchen a. S., Feucht, Stein, Zirndorf, Heroldsberg und Stadeln. Dieser sog. engere Wirtschaftsraum Nürnberg — Fürth — Erlangen umfaßt nur rund 1,3 % der Fläche des bayerischen Staatsgebietes, weist aber rund 16 % aller in der bayerischen Industrie Beschäftigten auf und ist am bayerischen Export mit 27 % in hervorragender Weise beteiligt.

Trotz der zielstrebig erreichten Vollbeschäftigung in der sehr lohnintensiven Industrie des Wirtschaftsraumes besitzen die Fachrichtungen Elektro und Metall ein starkes Gewicht. Die industrielle Struktur sollte daher verbreitert werden. Hierfür geeignet erscheinen etwa Betriebe der chemischen Industrie, vor allem der Fachrichtung Kunststoffindustrie, Kälte- und Wärmetechnik, soweit sie keinen zu hohen Wasserbedarf aufweisen bzw. übermäßige Abwasserverschmutzung verursachen.

III. Konträre Situation in West- und Südmittelfranken

Anders als im Verdichtungsraum sind die Aufgaben in West- und Südmittelfranken gestellt. Die Problematik besteht hier in der immer noch unausgewogenen, überwiegend landwirtschaftlich oder kleingewerblich geprägten Wirtschaftsstruktur. Hierfür sind insbesondere kennzeichnend niedrige Bevölkerungsdichte, unterdurchschnittlicher Industriebesatz, geringe Realsteuerkraft und relativ niedrige Produktivität.

Die Gründe hierfür sind im wesentlichen historisch bedingt. Die durch Napoleon willkürlich in diesen Raum hineingeschnittene bayerisch-württembergische Grenze hat die wirtschaftliche und kulturelle Entwicklung dieser Gebiete über 100 Jahre hinweg gehemmt. Verspäteter Anschluß an das Haupteisenbahnnetz, ungenügende Straßenerschließung, Rohstoffarmut und insbesondere schwierige wasserwirtschaftliche Verhältnisse haben die Industrialisierung West- und Südmittelfrankens negativ beeinflußt. Hinzu kommen in der Landwirtschaft zu geringe Betriebsgrößen sowie teilweise ungünstige natürliche Produktionsbedingungen.

Die Bevölkerung Westmittelfrankens zählte am 31. 12. 1969 rund 450 350 Einwohner. Bei einer Fläche von etwa 5594 qkm errechnet sich eine Bevölkerungsdichte von 81 je qkm, das ist knapp die Hälfte der mittelfränkischen Ziffer (196).

Die Bevölkerungszunahme von 2,4 % seit 1961 kann als ein Zeichen für die Stärkung der regionalen Produktivität durch eine allmähliche Umstrukturierung der Erwerbsgrundlagen gelten. Der Raum beginnt seit Anfang der sechziger Jahre seine Bevölkerung wirtschaftlich zu tragen. Der begonnene Strukturwandel muß zielstrebig gefördert werden, um das *Sozialprodukt* Westmittelfrankens zu *steigern,* das 1966 pro Kopf der Wohnbevölkerung erst 5020 DM erreichte, während das bayerische Bruttoinlandsprodukt pro Kopf bei 6460 DM lag.

Von 1949 bis 1960 wurden 10 % der landwirtschaftlichen Betriebe aufgegeben; fast alle hatten weniger als 15 ha Nutzfläche. Im Rahmen der Untersuchungen zur agrarstrukturellen Rahmenplanung wurde die Richtbetriebsgröße für den bäuerlichen Familienbetrieb in rund drei Viertel der Gemeinden in der Größenordnung von mindestens 15 ha LN ermittelt. Nur 16 % aller Betriebe in der Region erreichten 1961 diesen Richtwert. Deshalb muß bei einer weiteren Anpassung an die EWG-Bedingungen mit einer erheblich weiteren Schrumpfung des landwirtschaftlichen Bereichs und mit weiterer Freisetzung landwirtschaftlicher Arbeitskräfte gerechnet werden. Um die freigesetzten Kräfte raumwirtschaftlich zu binden, ist die vermehrte Schaffung von industriell-gewerblichen Arbeitsplätzen dringend geboten.

Um die Entwicklung dieser Gebiete des mittelfränkischen Regierungsbezirks voranzubringen, entschloß sich die Landesplanungsstelle im Bayerischen Staatsministerium für Wirtschaft und Verkehr in den Jahren 1959—62, eine Reihe von Stadt- und Landkreisen (Eichstätt, Ansbach, Dinkelsbühl, Feuchtwangen, Rothenburg o. d. T. und Uffenheim) in das Rationalisierungsprogramm der „Arbeitsgemeinschaft regionale Entwicklungsarbeit in Bayern" einzubeziehen. Die dafür erstellten Strukturanalysen, die federführend von der Landesgruppe Bayern des Rationalisierungskuratoriums der Deutschen Wirtschaft bearbeitet wurden, standen unter den besonderen Aspekten der volks- und betriebswirtschaftlichen Rationalisierung im Zusammenhang mit der Problematik der Wertschöpfung in diesen industriell-gewerblich unentwickelten Räumen Mittelfrankens. In seiner Eigenschaft als Vorsitzender der oben zitierten Arbeitsgemeinschaft stellte WILLI GUTHSMUTHS als eines der Hauptziele dieser raumwirtschaftlichen Untersuchungen die Beibringung von Unterlagen zur Förderung der regionalen Produktivität heraus. Er verstand darunter die auf den Kopf der Bevölkerung bezogene Gesamtwertschöpfung der regional abgegrenzten Teilräume West- und Südmittelfrankens und definierte, daß die Gesamtwertschöpfung sich aus der Summe der Wertschöpfungsbeiträge der einzelnen Wirtschaftsbereiche ergibt. GUTHSMUTHS formulierte weiter, daß die Gesamtwertschöpfung sich aus dem Marktwert der Bruttoproduktion, durch Abzug der sogenannten Vorleistungen anderer Wirtschaftszweige, der als Kosten verrechneten Steuern und der verschleißbedingten Abschreibungen von Anlagen ergibt. Inwieweit die Höhe der Gesamtwertschöpfung nun von raumrelevanten Faktoren abhängt, die bei raumordnungspolitischen Maßnahmen zur Förderung der regionalen Produktivität unabdingbar sind und berücksichtigt werden müssen, wird in den einzelnen Untersuchungsberichten aufgezeigt.

Der Raum liegt mit einer *Industriedichte* von 85 zwar auch heute noch weit unter Bezirks- (165) und Landesdurchschnitt (129,5), doch hat sich die Ausstattung mit industriellen Arbeitsplätzen dank der intensiven Bemühungen von staatlicher und kommunaler Seite in den letzten Jahren erheblich verbessert.

Hier hat sich das Konzept der Landesplanung, die Umstrukturierung ländlicher Räume durch die Stärkung der zentralen Orte einzuleiten, bewährt. So sind bedeutende Fortschritte in der Strukturverbesserung in den Städten Dinkelsbühl, Gunzenhausen, Scheinfeld, Hilpoltstein, Eichstätt, Treuchtlingen, Uffenheim und Feuchtwangen durch die örtlich gezielte Förderung im *Bundesausbauorte-Programm* erreicht worden.

Die seit 1959 verstärkte Förderung durch den Freistaat Bayern und den Bund hat zu sichtbaren Erfolgen geführt. Mitentscheidend hierfür war, daß 60 % des Regierungsbezirks, das sind die wirtschaftlich schwachen süd- und westmittelfränkischen Kreise, in denen rund 20 % der mittelfränkischen Bevölkerung leben, zu Bundesausbaugebieten erklärt worden sind.

Die strukturellen Mängel im westlichen Mittelfranken erscheinen gegenwärtig — bei nur oberflächlicher Betrachtung — durch die rasche positive Entwicklung der Konjunktur nahezu überdeckt. Eine solche nur optische Wirkung darf nicht zur Verkennung der tatsächlich noch vorhandenen Strukturschwäche verleiten. Diese wird vielmehr durch die umstrukturierungsbedürftige, betrieblich übersetzte Landwirtschaft und durch die geringe Kaufkraft — nach Feststellungen der Gesellschaft für Konsumforschung in Nürnberg teilweise nur die Hälfte benachbarter württembergischer Gebiete — deutlich sichtbar. Tatsächlich aber bestehen noch eine Reihe von zentralen Orten mit attraktiven Standortvoraussetzungen für Industrieansiedlungen und zusätzlichem Anreiz staatlicher Förderung.

IV. Aufgaben der Energiewirtschaft in Mittelfranken

Die Betrachtung der strukturellen Verhältnisse des Regierungsbezirks Mittelfranken ergibt, daß beide Regionen zwar recht heterogen sind, jedoch für beide gemeinsam gilt folgendes:

Um den Anschluß in der raschen Entwicklung in die zunehmend technisierte *Zukunft* zu gewährleisten, sind in der Industrieregion wie in Westmittelfranken Investitionen großen Ausmaßes notwendig. Von ihrer rechtzeitigen Durchführung und Vollendung wird es abhängen, ob Mittelfranken seinen hervorragenden Platz in Bayern und in der Bundesrepublik behalten und ausbauen kann.

Der gesamte mittelfränkische Raum ist ausgesprochen rohstoffarm. Bedeutung haben nur die Gipsvorkommen in den Kreisen Scheinfeld, Uffenheim und Rothenburg und die Solhofener Natursteinvorkommen im Süden (Landkreise Weißenburg und Eichstätt). Die Industriewirtschaft ist daher auf Veredlung ausgerichtet.

Bei dieser gesamtwirtschaftlichen Situation kommt naturgemäß der Energieversorgung in Mittelfranken eine Schlüsselposition zu; sie ist eine zentrale Frage. Da Primärenergien fehlen — es gibt keine Kohle, kein Erdöl, kein Erdgas —, ist der Raum auf die Zufuhr von außerhalb angewiesen.

Wenn die Erfahrungserkenntnis der Energiewirtschaft zutrifft, daß die energiepolitischen Veränderungen der Zukunft sich bereits vorher im Verbrauchsverhalten ankündigen, dann könnte für die mittelfränkische Industriewirtschaft gefolgert werden, daß sich die industrielle Nachfrage nach Gas — offenbar unter dem Eindruck der Möglichkeiten künftiger Erdgaslieferungen aus der UdSSR — verbessert hat und weiter verbessern wird. Sie nahm von 1968 auf 1969 um 8,9 v. H. zu und blieb damit nur gering unter der bayerischen Rate für Ortsgas bzw. für Erdgas. In früheren Jahren hatte sich der industrielle Gasverbrauch in Mittelfranken rückläufig und zum Teil sogar den bayerischen Verbrauchsverhältnissen diametral entgegengesetzt entwickelt. Noch fehlt es aber in der Gaswirtschaft an konkreten Preisvorstellungen für die Zeit nach Beginn der Erdgaslieferungen. Von der Preisattraktivität wird neben der Wirtschaftlichkeit (einschl. der technischen Vorteile) die Nachfrage mitbestimmt werden.

Die stärkste Zunahme des Energieverbrauchs der Industriewirtschaft von 1968 auf 1969 ergab sich in Mittelfranken bei der elektrischen Energie mit 12,3 v. H. gegenüber einer Zunahme von 7.8 v. H. in Bayern.

Im Vergleich der Jahre 1959 und 1969 zeichnen sich langfristige strukturelle Veränderungen des Energieverbrauchs der mittelfränkischen Wirtschaft ab*). Es fällt auf, daß in diesem Zeitraum der Verbrauch von elektrischer Energie um 85,6 v. H. zugenommen hat gegenüber einer Zunahme von 78 v. H. im Landesdurchschnitt und der Verbrauch von Kohle um 72,7 v. H. gegenüber dem Landesdurchschnitt von 59,2 v. H. überdurchschnittlich stark abgenommen hat. Der Verbrauch von Heizöl ist zwar fast um das viereinhalbfache gestiegen, jedoch wesentlich weniger kräftig als im Landesdurchschnitt mit 12,9 v. H. Diese Unterschiede mögen u. a. aus dem unterschiedlichen zeitlichen Verlauf der allgemeinen Verlagerungsphase von Kohle auf Öl und Gas und in betrieblich veranlaßten Dispositionen von Großverbrauchern begründet sein.

Insgesamt gesehen erscheint der Energieverbrauch der mittelfränkischen Wirtschaft, gemessen an den bayerischen Verbrauchszahlen und an der Leistung der mittelfränkischen Industrie, relativ untergewichtig zu sein. Sicher spielt für die Erklärung dieser Tatsache eine wesentliche Rolle, daß gewichtige Energiegroßverbraucher, wie sie vor allem die Großchemie und die Grundstoffindustrie darstellen, den für sie unerläßlichen natürlichen Standortfaktor Wasser in Mittelfranken nicht vorfinden.

Es wäre jedoch ein Trugschluß, daraus die Folgerung zu ziehen, daß die Energieversorgung für die mittelfränkische Industrie eine untergeordnete Rolle spielen würde. Der Schwerpunktcharakter der Veredlung der mittelfränkischen Industriewirtschaft erfordert im Gegenteil gerade im Hinblick auf die fortschreitende Rationalisierung und Automation ein zuverlässiges, vor allem kontinuierliches und im Preis gegenüber anderen Wirtschaftsräumen konkurrenzfähiges Energieangebot. Ein weiterer Abbau regionaler Preisunterschiede auf dem Energiemarkt wird zweifellos dazu beitragen können, die von der Natur begrenzte industrielle Standortqualität des gesamten Raumes (Fehlen von Wasser und Rohstoffen) auszugleichen und die Chancen zu nutzen, die der allgemein wachsende Energiemarkt bietet.

Rolle und Aufgabe der Energiewirtschaft in Mittelfranken sollen im folgenden nach den einzelnen Energiearten betrachtet werden.

1. Versorgung mit Kohle und Öl

Mittelfranken mußte bis in die jüngste Zeit die Nachteile der revierfernen Lage hinnehmen. Die relativ teuere, weil transportkostenbelastete Steinkohle beherrschte den regionalen Primärenergiemarkt und bestimmte daher auch die Preise der Sekundärenergien Gas und Strom. Die Preise für Mineralöl und seine Produkte waren ebenfalls gegenüber anderen westdeutschen Regionen durch die ungünstige Frachtentfernung nachteilig beeinflußt. Seit 12 Jahren hat sich mit dem allgemeinen Vordringen des Öls und besonders mit dem Ausbau des Raffineriezentrums Ingolstadt die mittelfränkische Energiesituation versorgungs- und preismäßig nahezu schlagartig verbessert.

---

*) Ein Bild über die Entwicklung und die gegenwärtige Bedeutung der einzelnen Energiearten für die mittelfränkische Wirtschaft vermittelt die Tabelle des Energieverbrauchs der mittelfränkischen Industrie in den Jahren 1959 und 1969.

Der Energieverbrauch der Mittelfränkischen Industrie
(in Industriebetrieben mit 10 und mehr Beschäftigten)

Industriezweige	Stromverbrauch in 1000 kWh		Veränd. in vH. gegenüb. 1959	Kohleverbrauch in t SKE		Veränd. in vH. gegenüb. 1959	Heizölverbrauch in t		Veränd. in vH. gegenüb. 1959	Verbrauch an Orts- u. Erdgas in 1000 cbm
	1959	1969		1959	1969		1959	1969		1969
Steine und Erden	32 810	54 794	+ 67,0	75 525	11 544	− 84,7	5 090	58 070	+1040,9	13
Metallerzeugung	48 466	105 474	+117,6	8 376	6 894	− 17,7	7 032	15 200	+ 116,2	12 543
Maschinenbau	50 989	101 358	+ 98,8	25 751	3 731	− 85,5	3 847	34 384	+ 793,8	4 793
Fahrzeugbau	11 395	12 808	+ 12,4	2 592	299	− 88,5	962	4 120	+ 328,3	1 160
Elektrotechnik	218 264	408 497	+ 87,2	68 252	37 339	− 45,3	6 763	43 110	+ 537,4	12 569
Feinmechanik/Optik	5 005	3 520	− 29,7	858	29	− 96,6	1 153	1 366	+ 18,5	23
Eisen-, Blech-, Metallwaren	52 876	54 672	+ 3,4	11 061	346	− 96,9	3 280	12 833	+ 291,3	3 184
Kleinmusikinstrumente	494	746	+ 51,0	99	57	− 42,4	38	188	+ 394,7	—
Spielwaren	5 893	23 104	+292,1	2 337	146	− 93,8	846	3 640	+ 330,3	180
Chemie	17 918	30 901	+ 72,5	7 583	3 661	− 51,7	1 597	10 046	+ 529,1	1 320
Feinkeramik	10 372	14 091	+ 35,9	11 074	958	− 91,3	332	1 725	+ 419,6	3 200
Glas	4 316	10 009	+131,9	4 711	4 389	− 65,1	2 782	10 269	+ 269,1	12
Holzverarbeitung	10 493	15 789	+ 50,5	12 569	675	− 85,7	1 094	4 149	+ 279,3	88
Papierverarbeitung	19 383	24 092	+ 24,3	10 084	4 085	− 59,5	4 642	8 685	+ 87,1	12
Druck	14 382	25 300	+ 75,9	2 274	927	− 59,2	1 563	3 814	+ 144,0	205
Kunststoffverarbeitung	10 313	63 418	+514,9	1 420	359	− 74,7	781	4 678	+ 499,0	415
Lederverarbeitung	1 584	1 389	− 12,3	332	10	− 97,0	74	783	+ 958,1	3
Schuhe	1 854	3 063	+ 65,2	1 227	440	− 64,1	79	317	+ 301,3	10
Textil	22 646	37 322	+ 64,8	13 033	4 613	− 64,6	1 571	12 708	+ 708,9	58
Bekleidung	2 713	5 725	+111,0	898	72	− 92,0	1 178	3 596	+ 205,3	4
Lebensmittel	10 473	15 508	+ 48,1	3 144	702	− 77,7	1 678	8 789	+ 423,8	1 144
Brauereien	15 572	27 325	+ 75,5	24 399	2 612	− 89,3	1 848	18 909	+ 923,2	7
Sonstige	46 335	101 503	+119,1	58 691	10 705	− 81,8	1 783	63 431	+ 438,3	6 310
Mittelfranken	614 540	1 140 408	+ 85,6	346 290	94 593	− 72,7	59 989	324 810	+ 441,4	47 253
Bayern	8 543 772	15 211 703	+ 78,0	6 401 369	2 611 555	− 59,2	684 081	4 370 425	+ 538,9	758 651

Der Kohleverbrauch der mittelfränkischen Industrie ging nach den Feststellungen der IHK Nürnberg schon bis 1967 um mehr als die Hälfte zurück.

Trotz der angeführten Einbußen ihres Anteils am Primärenergiemarkt hat die Kohle noch eine erhebliche Bedeutung für Mittelfranken, besonders für die Koks-, Gas- und Stromerzeugung. In diesem Bereich lag schon immer der Schwerpunkt des mittelfränkischen Kohlebedarfs. Im Zentrum dieses Bedarfs wurde das Kohleversorgungsproblem in der Verknappungszeit der 50er Jahre durch eigene wirtschaftspolitische Aktivität gelöst: Die Fränkische Energiegesellschaft (Stadt Nürnberg und Großkraftwerk Franken AG —GFA —) erwarb 1956 eine 50 %ige Beteiligung an der zur Flickgruppe gehörenden Ruhrzeche Monopol, um den eigenen Bedarf zu sichern und um auf die damals teuere Auslandskohle, überwiegend amerikanische Lieferungen, verzichten zu können.

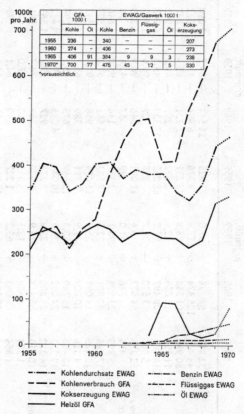

Abb. 1: *Verbrauchszahlen der Großkraftwerk Franken AG (GFA) und der Energie- und Wasserversorgungs AG (EWAG)*

Nachdem in schwierigen Verhandlungen von der Montan-Union und der Ruhrkohle-Verkaufsorganisation das Lieferungsrecht für Nürnberg erreicht war, bestand die günstige Möglichkeit, anstelle der seitherigen 30 Lieferzechen für Auslandskohle Koks und Kraftwerkskohle zum deutschen Preis zu erhalten und diese ab Zeche mit Großraumzügen zur Kokerei und zum Kraftwerk nach Nürnberg zu fahren. Dabei ergab sich eine interessante Auseinandersetzung mit der Bundesbahn über die Frage der Tarifermäßigungen für den Kohletransport. Nachdem sich die Bundesbahn sehr zurückhaltend mit der Gewährung der beantragten Tarifermäßigung gezeigt hatte, gründete man die Nürnberger Reederei, die den Transport zu Wasser übernehmen sollte. Nachdem der Schifftransport ab Hafen Hamm bereits angelaufen war, erklärte sich die Bundesbahn bereit, die Tarife zu senken. Die Züge laufen nunmehr planmäßig als Großraumzüge, zum größten Teil mit 1300-Tonnen-Zügen, versuchsweise auch mit 2600-Tonnen, wobei mit zwei oder drei Lokomotiven gefahren wird.

Die 50 %ige Beteiligung an der Zeche Monopol konnte Nürnberg im Jahre 1960 auf 100 % erhöhen. Der Kaufpreis für den ersten Teil war 53 Mio. DM, der zweite gleichgroße Anteil kostete nach der Entspannung auf dem Kohlenmarkt 28 Mio. DM. Die Zeche ist 1969 als eine der letzten in die Einheitsgesellschaft Ruhrkohle eingebracht worden. Die Zeche florierte unter der Nürnberger Leitung gut, da neben diesem Bezug auch die Flickbetriebe vertraglich verpflichtet waren, ihre Kohle von der Zeche Monopol zu beziehen. Es gab deshalb dort nie Halden.

Interessant ist auch das anläßlich des Überganges an die Ruhrkohle ermittelte Geschäftsergebnis der 13jährigen Nürnberger Eignerschaft. Als Betriebsgewinn wurden 72,86 Mio. DM erwirtschaftet, das entspricht einem durchschnittlichen jährlichen Überschuß von 5,65 Mio. DM. Dazu kommen noch Rücklagen minus Gewerbesteuer in Höhe von 20 Mio. DM, so daß das Gesamtergebnis auf 92 Mio. DM kommt. Nach dem Einbringungsvertrag erhält Nürnberg von der Ruhrkohle AG innerhalb der nächsten 20 Jahre die Verzinsung und den Anspruch auf 52 Mio. DM, also insgesamt 90 Mio. DM. Außerdem sind die Vorteile zu bewerten, die dadurch entstehen, daß die seinerzeit mit Monopol geschlossenen Verträge in die Ruhrkohle AG eingegangen sind. Dazu gehört die Lieferung einheitlicher Kohle, die Frachtvorteile, Lieferung von Hochofenkoks und die Abrechnung nach Heizwert.

In der Zeit des Rückzugs der Kohle erhöhte sich der Ölverbrauch in Mittelfranken, insbesondere der des Heizöls, auf das Vierfache. Die Hauptölverbraucher in der mittelfränkischen Wirtschaft waren 1969 die Industriezweige Steine und Erden mit 58 000 t, die Elektrotechnik mit rund 43 000 t und der Maschinenbau mit rund 34 000 t. Der Gesamtölverbrauch der mittelfränkischen Industrie stieg von 1959 bis 1969 von rund 60 000 t auf rund 325 000 t an.

Der Verbrauch an schwerem Heizöl lag im ersten Halbjahr 1970 um rund 20 % über dem des entsprechenden Vorjahreszeitraumes. In der Elektrizitätswirtschaft war der Mehrverbrauch an schwerem Heizöl sogar um 50 % höher wegen der Umstellung von Kohle auf Öl. Durch die steigende Nachfrage wurde der Rohenergiemarkt von einem Käufermarkt zu einem Verkäufermarkt mit der Folge, daß sowohl bei der Steinkohle als auch beim Mineralöl hohe Preissteigerungen zu verzeichnen sind.

Nachdem sich das Öl einen großen, laufend steigenden Marktanteil gesichert hat, kostete 1970 die Tonne schweres Heizöl in Nürnberg 102,70 DM, während es im Jahr zuvor 75 DM waren. Das ist eine Verteuerung um 49 %. Wenn man aber beachtet, daß die Mineralölsteuer mit 25 DM pro Tonne gleichgeblieben und die Fracht von 7 DM auf 8,70 DM angestiegen ist, dann ergeben sich Schwerölpreise ab Raffinerie von 37 DM im Jahre 1968 und 69 DM im Jahre 1970. Das bedeutet eine Verteuerung von 86,5 % für Schweröl ab Raffinerie.

Zur Rechtfertigung dieser Preissteigerung wird unter anderem die Explosion im Bereich der Kapital- und Personalkosten, aber auch die Sicherung der Bedarfsdeckung in den 70er Jahren angeführt, die hohe Investitionen verlangt. Ihre Finanzierung müßte — so sagen die Ölfirmen — über bessere Erlöse gesichert werden, zumal der Kapitalmarkt die benötigten Mittel nicht zu tragbaren Bedingungen hergeben würde.

Die Investitionen sollen also über den Preis finanziert werden, d. h. durch gestiegene Betriebskosten und die Eigenfinanzierung von Investitionen wurden 1970 gegenüber 1968 um rund 25 % höhere Steinkohlenpreise und 49 % höhere Schwerölpreise gefordert.

Die zu Beginn des Jahres 1971 in Teheran und Tripolis von den beiden Gruppen der ölproduzierenden Länder des Nahen Ostens und Nordafrikas den Abnehmern diktierten Erhöhungen der Rohölpreise begründen eine weitere Verstärkung der Preisauftriebstendenz bei den Mineralölprodukten, da eine Senkung der einschlägigen Steuern (vielleicht mit Ausnahme der Heizölsteuer) oder ein Abfangen durch die Ölgesellschaften (hoher Investitionsbedarf) kaum zu erwarten ist. Diese Vorgänge sind jedoch regionsexterner Art; sie haben Ursache und Wirkung in den allgemeinen Ölversorgungsverhältnissen der BRD und der EWG.

Trotz der Verbesserung durch die relative Nähe des Raffineriezentrums Ingolstadt ist die Versorgung des mittelfränkischen Raumes auf dem Ölenergiesektor noch nicht befriedigend. Bei Massenprodukten, wie sie die Heiz- und Treibstoffe auf Mineralölbasis darstellen, spielen die Transportkosten auch im engeren Bereich um die Raffinerien eine Rolle. Es ist verständlich, daß die vergleichsweise raffinerieferne Industrie im nordbayerischen Raum günstigere Bezugskonditionen für Ölprodukte erreichen möchte. Die Errichtung neuer Raffineriekapazitäten in entsprechender Standortlage würde die bei Mineralprodukten auch heute noch bestehenden Transportprobleme weitgehend beheben. Dies gilt nicht nur für den mittelfränkischen, sondern vor allem auch für den oberfränkischen Raum sowie für die nördliche Oberpfalz.

Der Raum Nürnberg ist der einzige unter den zehn Ballungsräumen der Bundesrepublik, der keine Raffinerie besitzt, wenn man davon ausgeht, daß München über eine Produktenpipeline von der „Marathon" bei Burghausen direkt beliefert und Stuttgart vom nahegelegenen Karlsruhe versorgt werden kann. Die westdeutschen Raffineriezentren sind mit Ausnahme der Küstenstandorte fast überwiegend im Bereich von Standorten der Großchemie und der Grundstoffindustrie entwickelt worden (Frankfurt/Höchst, Köln/Leverkusen/Düsseldorf, Ludwigshafen/Mannheim, Saarbrücken, Burghausen/Oberbayerisches Chemiedreieck). Beide Industriezweige sind stark wasserorientiert. In diesem Punkt ist Mittelfranken jedoch von der Natur benachteiligt. Dies zeigte sich sehr deutlich, als im Oktober 1964 Vertreter der Wintershall AG Gespräche für eine geplante Raffinerie mit der Regierung von Mittelfranken als Landesplanungsbehörde aufnahmen. Bereits in der ersten Besprechung ergab sich, daß ein Wunschstandort im Süden des Großraumes zwischen Nürnberg—Schwabach und Roth trotz der hervorragenden Verkehrslage eben aus wasserwirtschaftlichen Gründen nicht realisierbar sein würde. Nach weiteren Verhandlungen mit den wasserwirtschaftlichen Fachbehörden stellte sich heraus, daß nur nördlich Erlangen im Raum von Forchheim/OFr. Möglichkeiten für einen Raffineriestandort bestehen. Schließlich wurde in der Marktgemeinde Eggolsheim, Landkreis Forchheim, ein an Großschiffahrtsstraße, B 4 und Bundesbahnlinie Nürnberg—Bamberg gelegenes Gelände angekauft.

Der Standort Eggolsheim wurde als günstig befunden, weil er alle grundsätzlichen Voraussetzungen erfüllen könnte. Trotz der Zugehörigkeit zum Regierungsbezirk Oberfranken zählt der Teilraum Forchheim zur Industrieregion Nürnberg. Dies ist auch im Entwurf der Regionsgliederung des Landes Bayern berücksichtigt. Der sehr verkehrsgünstig gelegene Standort liegt im Güternahverkehrsbereich (50 km) um Nürnberg. Der Raffinerie soll nach den Plänen der Wintershall AG eine Düngemittelfabrikation angeschlossen werden. Bauherr wird die neu gegründete Erdölraffinerie Franken GmbH, München, Verwaltungssitz Kassel, sein. Die Planung wird von der Wintershall AG durchgeführt. Die Raffineriekapazität sieht für die erste Ausbaustufe ca. 1,25 Mio. t, für die zweite ca. 2,5 Mio. t Jahresdurchsatz vor.

Ihr Rohöl soll die Raffinerie entweder über die Rhein-Donau-Pipeline (RDO) erhalten, die die südeuropäische Pipeline von Marseille mit Ingolstadt verbindet oder von der TAL, der transalpinen Pipeline von Triest nach Bayern. Beide Bezugsmöglichkeiten sind vorgesehen durch eine Pipelineverbindung von Eggolsheim mit den Endpunkten der genannten großen Leitungen in Ingolstadt. Im Hinblick auf die Verpumpung in Batches und auf mögliche spätere Kapazitätserweiterungen ist eine Leistungsdimension von 16 Zoll entsprechend einem erzielbaren Rohöldurchsatz von 4,3 Mio. t/Jahr bei *einer* Pumpstation und unter Ausnutzung des vollen Betriebsdruckes von 64 atü gewählt worden.

Nachdem die von der Wintershall AG für das Raffinerieprojekt konzipierte Partnerschaft mit der amerikanischen Texaco nicht erreicht werden konnte, wurde die Planung vorläufig zurückgestellt. Die Wintershall AG legt dennoch Wert auf den Abschluß des beantragten Raumordnungsverfahrens für die Pipelineverbindung Ingolstadt—Eggolsheim. Gegenwärtig wird auf einem Teil des Raffineriegeländes an der Großschiffahrtsstraße ein Tanklager für Großabnehmer durch die Wintershall AG installiert. — Interessant ist, daß die von den Firmen Shell, Esso, BP und Aral im Raum Erlangen an der Großschiffahrtsstraße bei Kriegenbrunn beabsichtigte Planung eines Großtanklagers, für das das Raumordnungsverfahren im Jahre 1966 eingeleitet worden war, im Juli 1967 wieder aufgegeben worden ist.

Ob und inwieweit Einleitung und Aufgabe dieser Planung mit dem Planungsablauf der Wintershall-Raffinerie zusammenhängen, wie einschlägige Wirtschaftskreise vermuten, ist nicht bekannt. Gerade im Hinblick auf die Preisentwicklung bei Mineralölprodukten liegt die baldige Verwirklichung der Raffinerieplanung Eggolsheim im Interesse des nordbayerischen Raumes.

2. Stromversorgung

Die Erschließung des mittelfränkischen Wirtschaftsraumes mit elektrischer Energie hat einen relativ hohen Stand erreicht. Ein leistungsfähiges 220 kV-Hochspannungsnetz, das die bayerischen Regionalnetze mit dem westdeutschen Verbundnetz zusammenschließt, sichert die Stromversorgung des mittelfränkischen Raumes ab. Die vor mehreren Jahren fertiggestellte 220/380 kV-Nordschiene von Aschaffenburg über Schweinfurt nach Würgau schließt den 220 kV-Ring zwischen den industriellen Schwerpunkten im unterfränkischen Raum Aschaffenburg/Schweinfurt und dem mittelfränkischen Verdichtungsraum um Nürnberg. Die Planungen der Bayernwerk AG sehen die Einbindung Mittelfrankens in das 220/380 kV-Verbundnetz durch die projektierte Leitung vom Umspannwerk Ingolstadt zum Raum Fürth vor. Das 220 kV-Verbundnetz wird ergänzt durch ein ausgedehntes 110 kV-Netz, das in den letzten Jahren vor allem in den Verdichtungsgebieten Frankens erheblich ausgebaut wurde. Aber auch an die Leistungsfähigkeit der Mittel- und Niederspannungsnetze müssen hohe Anforderungen gestellt werden können, wenn in der Zukunft der erwartete Preisvorteil der Stromerzeugung aus Kernenergie in vollem Umfang dem Verbraucher zugute kommen soll.

Die Versorgung mit elektrischer Energie ist für Mittelfranken deswegen relativ gut, weil der weitaus größte Teil der benötigten Strommenge im eigenen Bereich erzeugt wird und der überregionale Verbund sowohl zu den Wasserkraftzentren im Süden (über Ingolstadt nach St. Peter) wie auch zur westdeutschen Wärmekraft über Aschaffenburg zur RWE sehr günstig und leistungsfähig ist.

Die *Stromerzeugung* ist in Mittelfranken, da wasserreiche Flüsse fehlen, auf Wärmekraftwerke angewiesen und in der Großkraftwerk Franken AG (GFA) konzentriert. Diese wurde im Jahre 1911 gegründet, das erste Dampfkraftwerk in Nürnberg/Gebersdorf in den Jahren 1912/13 erbaut und im März 1913 mit Turbogeneratoren von je 3400 kW in Betrieb genommen. Ein Jahr später wurde ein weiterer Turbosatz mit 8400 kW angeschlossen. Die Baukosten betrugen 3 982 000,— Goldmark. Die Gesellschaft hat heute ein Aktienkapital von 95 Mio. DM. Anteile befinden sich mit einer Mehrheit von 50,5 % im Besitz der Stadt Nürnberg; 6,3 % hält die Stadt Fürth, 27,0 % die Deutsche Continental Gesellschaft, 16,2 % sind Streubesitz. Nach dem Stand vom 31. 12. 1970 hat die GFA ein Netz von 307 km Freileitungen und von 90 km Ölkabel.

Die gewaltige Entwicklung der mittelfränkischen Elektrizitätswirtschaft der letzten 50 Jahre ist aus der Gegenüberstellung der seinerzeitigen und der heutigen Leistung ersichtlich. Man rechnete damals mit einem *jährlichen* Stromverbrauch von ca. 20 Mio. kWh. Heute hat die *Tages*erzeugung in den GFA-Kraftwerken 11 Mio. kWh bereits überschritten.

Seit 1955 sind im Dampfkraftwerk Gebersdorf drei Maschinensätze von je 50 MW und einer mit 100 MW installiert worden. Diese Leistung wird mit Kohle und Öl erzeugt. Gegenwärtig werden an Stelle von abgebauten alten Anlagen 335 MW neu installiert, die mit Öl und Gas (vorwiegend Erdgas) betrieben und Ende 1972 in Dienst gestellt werden sollen. Zwischen 1958 und 1965 hat die GFA zum Spitzenausgleich das Pumpspeicherwerk Happurg im Landkreis Hersbruck mit einer Leistung von insgesamt 160 MW errichtet. Ein entscheidender Schritt für die Deckung des in Mittelfranken überdurchschnittlich wachsenden Strombedarfs wurde mit der Errichtung des auf 1200 MW Endausbau dimensionierten Dampfkraftwerkes Franken II in Kriegenbrunn/ Frauenaurach im Landkreis Erlangen von der GFA getan, das im September 1966 und im Februar 1967 mit je 200 MW in Betrieb gegangen ist. Die Baukosten betrugen 250 Mio. DM. Das Werk arbeitet auf Kohlebasis. Der Kohlebezug erfolgt praktisch in Eigenversorgung von der Zeche Monopol der Ruhrkohle AG. Dieses Groß-Kraftwerk ist in günstiger Lage inmitten des engeren mittelfränkischen Ballungsgebietes errichtet. Hier zeigten sich sowohl bei der Standortsuche als auch bei den einzelnen Genehmigungsverfahren die regionalen wasserwirtschaftlichen Mängel. Es mußten beachtliche Auflagen in Kauf genommen werden, u. a. z. B. eine Schornsteinhöhe von über 200 m und neben einer Begrenzung der Wasserentnahme aus der Regnitz auch wasserbiologische Verbesserungen des Flusses, besonders bei Niedrigwasserzeiten, durch Sauerstoffanreicherung.

Schwierig war auch die Unterbringung des 110 (220) kV-Leitungssystems zur Ableitung des Stromes wegen der dichten Besiedelung. Um die Städte Nürnberg und Fürth wurde im Verbund mit dem Dampfkraftwerk Gebersdorf und dem Pumpspeicherwerk Happurg ein 110 kV-Leitungsring gelegt. Es ist übrigens offen gelassen, ob das Dampfkraftwerk Franken II in den noch zu installierenden Kapazitäten mit Kernenergie betrieben werden wird.

Die *Verteilung* der elektrischen Energie wird in Mittelfranken durch die Fränkische Überlandwerk AG (FÜW), im Stadtbereich Nürnberg von der Energie- und Wasserversorgung AG (EWAG), in Fürth durch die Stadtwerke vorgenommen. Die Stadtwerke Erlangen werden von der Bayernwerk AG (BAG) versorgt. Kleine Teile der Landkreise Erlangen und Scheinfeld gehören zum Versorgungsbereich der Überlandwerk Oberfranken AG, Bamberg. Die Entwicklung der Stromabgabe seit 1955 von der GFA an die FÜW, an die Städte Nürnberg und Fürth sowie von der BAG an die Stadtwerke Erlangen ist aus Abb. 2 zu ersehen. In Nürnberg werden Großabnehmer direkt von der GFA beliefert; diese Verträge sollen jedoch Zug um Zug an die EWAG übergeben werden.

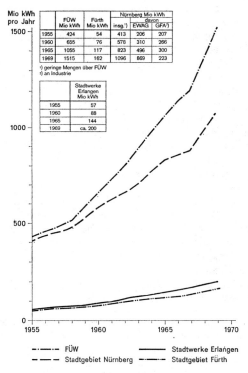

Abb. 2: *Stromabgabe von der Großkraftwerk Franken AG an die Fränkische Überlandwerk AG, Nürnberg und Fürth, und von der Bayernwerk AG an die Stadtwerke Erlangen*

Die FÜW ist mit einem Grundkapital von 30 Mio. DM ausgestattet. Von ihm gehören der Aktiengesellschaft für Licht- und Kraftversorgung, München, die Mehrheit, dem Bezirk Mittelfranken mehr als der 4. Teil.

Außerdem besitzt der Bezirk Mittelfranken die Mehrheit der Stimmrechte. Die Bilanzsumme betrug am 31. 12. 1969 398 488 824 DM.

Das Versorgungsgebiet des FÜW erstreckt sich fast von der Donau bis zum Main; es schließt auch einen kleinen Teil Unterfrankens, nämlich den Raum Kitzingen ein. Insgesamt erhalten rund 900 000 Einwohner Mittelfrankens ihren Strom durch das FÜW. Daß Strom überall und jederzeit in dem gewünschten Maße zur Verfügung steht, ist infolge der räumlichen Ausdehnung des Versorgungsgebietes mit über 2800 Ortschaften nur mit Hilfe umfangreicher technischer Einrichtungen möglich. Zur Zeit überziehen Hochspannungsleitungen in einer Länge von etwa 4700 km das FÜW-Versorgungsgebiet. Seit 1948 hat die Gesellschaft 334 Mio. DM für technische Einrichtungen investiert. Der Strombedarf erhöhte sich seit 1950 auf das Fünffache: 1968 gingen 1326 Mio. kWh in das Versorgungsgebiet des FÜW.

Die Verbrauchswerte des FÜW stiegen von 61,72 MW im Jahre 1950 auf 334,99 MW im Jahre 1970. Es fällt auf, daß die Verbrauchskurve des FÜW steiler ansteigt als die der EWAG. Dies mag damit zusammenhängen, daß die Verbraucherschaft in städtischen Bereichen schon zu einem früheren Zeitpunkt vollständiger von der Elektrizitätsversorgung erfaßt war als in ländlichen Gebieten, in denen die Elektrizitätsversorgung sowohl in einzelnen Haushalten als auch besonders in der Landwirtschaft erst später, besonders in den letzten 10 Jahren, breiteren Eingang gefunden hat. Außerdem spielt die gezielte Industrialisierung unter staatlicher Förderung in den Ausbaugebieten bei der Steigerung des Strombedarfs sicher eine Rolle. Interessant ist in diesem Zusammenhang, daß die Rezession in der Verbraucherkurve des FÜW kaum bemerkt werden kann. Die hohen Investitionen und die beachtliche betriebliche Leistung des FÜW sind auch aus dem Umfang des Verteilungsnetzes ersichtlich. Nach dem Stand vom Februar 1971 hatte die FÜW AG im Hochspannungsbereich 6,48 km 110 kV, 73,2 km 60 kV, 4420 km 20 kV Freileitungen und 142,2 km 20 kV Kabel. Für die Ausweitung und weitere Vermaschung des Mittelspannungsnetzes sowie für den Ausbau des 110 kV-Netzes, das immer mehr den Charakter eines Verteilungsnetzes annimmt, sind in der Zukunft für die Bewältigung des unvermindert stark weitersteigenden Strombedarfs noch hohe Investitionen notwendig. Die Überlegungen der FÜW beziehen sich allein für den Ausbau des 110 kV-Netzes in den nächsten 10 Jahren auf rund 95 Mio. DM. Die Gesamtinvestitionsplanungen der Gesellschaft sind für den Zeitraum von 1971 bis 1980 unter Einrechnung einer 5 %igen Lohn- und Preiserhöhung mit einer Gesamtsumme von rund 553 Mio. DM veranschlagt. Dabei ist zu berücksichtigen, daß die Kosten für die Verteilung der elektrischen Energie in den schwachstrukturierten und dünnbesiedelten ländlichen Gebieten naturgemäß überdurchschnittlich hoch liegen.

In der Gesamtversorgung erscheint es notwendig, daß insbesondere für den westmittelfränkischen Raum, der ausnahmslos im Regionalen Aktionsprogramm der Bundesregierung steht und mit Ausnahme des Teilraumes Ansbach als Bundesausbaugebiet anerkannt ist, die Ausbauplanung den Umstrukturierungsmaßnahmen angepaßt wird. Dieser Forderung kommen für die nächsten Jahre bereits die Erstellung einer 110 kV-Verbindung zwischen Winterschneidbach, Feuchtwangen und Dinkelsbühl und ein zusätzlicher 110 kV-Anschluß für Ansbach entgegen.

Da die Elektrizitätsunternehmen verpflichtet sind, den Bedarf zu decken, sind sie gezwungen, dem Bedarf stets in ihrer Leistungsinstallation und in der Vorhaltung der Verteilungseinrichtungen vorauszueilen, weil der Verbraucher den Strom im Bedarfsfall jeweils sofort abruft. Hierin unterscheidet sich die Elektrizitätswirtschaft grundsätzlich von anderen Industrien, die bei Verknappung mit Lieferfristen operieren können. Der Strom muß stets bereitstehen. Daher ist auch die Finanzierung schwieriger. Um dem Bedarf zur Sicherstellung der Leistung vorauseilen zu können, sind Bedarfserrechnungen bzw. Bedarfsschätzungen notwendig. Die allgemeine, fast in allen Industrieländern der Welt verwendete Faustregel der Elektrizitätswirtschaft lautet, daß sich der Strombedarf in 10 Jahren jeweils verdoppelt. Dies trifft in etwa auch auf Mittelfranken zu. In den letzten Jahren, insbesondere seit 1965 hat der Verbrauch die Jahreszuwachsrate von 7 % zum Teil erheblich überschritten.

Eine besonders starke Zuwachstendenz zeigt sich im Bereich der Elektroheizung. Die EWAG hat einen steilen Anstieg in der Benutzung von Heizkörpern zu verzeichnen. Sie hatte bereits im Jahre 1970 im Stadtbereich Nürnberg 11 500 elektrische Heizkörper zu versorgen. Die FÜW hat in ihrem Geschäftsbericht für das Jahr 1969 die intensive Werbungs- und Beratungstätigkeit im Bereich der elektrischen Vollraumheizung und der Heißwasserbereitung herausgehoben. — Die Verwendung der elektrischen Energie zu Heizzwecken wird überall dort Chancen haben, wo die Wirtschaftlichkeit einer Fernheizung nicht gegeben ist, also im wesentlichen außerhalb der konzentrierten Bebauung.

Übereinstimmend wird festgestellt, daß der Stromverbrauch im Haushalt stark zunimmt. Die Strukturänderung im Haushaltsenergieverbrauch von der Rohenergie (Kohle, Öl, Gas) zur bequemeren und saubereren Edelenergie Strom ist sehr deutlich.

Die Frage, wie lange der Stromverbrauch mit einer Verdoppelungsrate innerhalb von 10 Jahren ansteigen bzw. wann eine Sättigung erreicht werden wird, ist für deutsche Verhältnisse noch nicht zu beantworten. Nach amerikanischen Ansichten wird der Stromverbrauch zunächst noch progressiv, dann linear und später degressiv zunehmen, bis im Jahre 2250 die Sättigung erreicht sein soll. Begründet wird dieser lang anhaltende Anstiegstrend mit der im Prognosezeitraum anhaltenden Verbrauchsverlagerung von Kohle, später von Gas und Erdöl auf den elektrischen Strom.

Eine wichtige Rolle, auch in der öffentlichen Diskussion, spielt bekanntlich der *Strompreis* bei Unternehmer- und Verbraucherschaft, seitdem im Jahre 1970 von der Elektrizitätswirtschaft wiederholt auf die zeitlich absehbare Notwendigkeit von Preisanhebungen hingewiesen wurde, die mit gestiegenen Investitionskosten, mit dem ständigen Steigen von Kohle- und Ölpreisen und mit gestiegenen Lohnkosten begründet werden. Außerdem machte die Stromerzeugungswirtschaft auf die zusätzliche Belastung durch die Aussetzung der degressiven Abschreibung zugunsten der linearen aufmerksam, die zur erhöhten Aufnahme von teurem Fremdkapital zwingt. Im Herbst 1970 stellte auch der damalige bayerische Wirtschaftsminister in Frage, ob die Strompreise auf die Dauer gehalten werden können. Die Möglichkeit von Strompreiserhöhungen deutete zur gleichen Zeit der Vorstandsvorsitzende der Bayernwerk AG an.

Es ist ein in Preisdiskussionen oft verwendetes Argument der Elektrizitätswirtschaft, daß die Stromkosten in der Industrie selten ins Gewicht fallen, schon gar nicht im Vergleich zu den Lohnkosten. Dies mag in der in Mittelfranken vorherrschenden Veredelungsindustrie vielfach zutreffen. Außerdem wird von den Elektrizitätsunternehmen zutreffend angeführt, daß der Strompreis seit 1950 wiederholt — im Ausmaß von zusammen 20 bis 30 % — gesenkt worden ist und für Großverbraucher Sondertarife eingeräumt werden. Dem Haushaltsverbraucher wird außer der Preissenkung entgegengehalten, daß der Strom mit den allgemein stark gestiegenen Einkommen noch wohlfeiler geworden ist: 1951 konnte sich ein Industriearbeiter in Nürnberg für einen Stundenlohn 8—10 kWh kaufen, heute erhält er dagegen 35—40 kWh. Gerade diese Wohlfeilheit dürfte das unerwartet starke Ansteigen des Stromverbrauchs entscheidend mit begünstigt haben.

Preisentwicklung „allgemeine Tarifpreise"

	1. 8. 1952	1. 3. 1966	1. 1. 1968	1. 1. 1969	
H *)	100	97,0	94,8	97,0	100 kWh/Mt.
	100	96,5	94,3	94,5	200 kWh/Mt.
L **)	100	97,0	94,8	95,0	200 kWh/Mt.
	100	96,5	94,3	93,3	400 kWh/Mt.
G ***)	100	97,7	95,6	95,8	400 kWh/Mt.
	100	97,4	94,5	94,0	800 kWh/Mt.

Arbeitspreis: 11 Pf/kWh 10,5 Pf/kWh 10,26 Pf/kWh 10,0 Pf/kWh

*) 4-Raum-Haushalt.
**) 10-ha-Hof.
***) Gewerbebetrieb mit tariflichem Anschlußwert 4 kW + 10Räume.

Die Marktchancen der mittelfränkischen Elektrizitätswirtschaft sind auch in der Zukunft als sehr günstig zu beurteilen, wie die Bedarfsschätzungen ergeben. Der Betrieb des Hafens Nürnberg, dessen Eröffnung im Herbst 1972 erwartet wird, und die wirtschaftliche Entwicklung an den Uferbereichen der Großschiffahrtsstraße werden ein zusätzliches Anwachsen des Stromverbrauchs im gewerblichen Sektor bringen. Einen besonders potenten Stromabnehmer würde die seit 1970 ins Gespräch gekommene Planung eines Elektrostahlwerkes mit kombiniertem Stabstahl- und Drahtwalzwerk bringen. Für die Lichtbogenöfen ist überschlägig ein Anschlußwert von max. 45 MW bzw. ein Jahresverbrauch von etwa 200 Mio. kWh angegeben worden. Dieser Anschluß würde somit allein einen der drei 50 MW-Sätze des alten Teiles des Dampfkraftwerkes Franken I in Gebersdorf auslasten. Außerdem würde die in Kooperation mit dem Elektrostahlwerk vorgesehene Verschrottungsanlage ebenfalls einen hohen Strombedarf haben.

Die Elektrizitätswirtschaft wird somit über den allgemeinen Zunahmetrend hinaus ihre führende Position in der mittelfränkischen Energieversorgung erheblich ausbauen können.

3. Gasversorgung

Die Gasversorgung Mittelfrankens erfolgte bis zum Zweiten Weltkrieg überwiegend aus Eigenanlagen der Kommunen. Schon während des Krieges wurde eine Gesellschaft gegründet, die die Aufgabe hatte, den bayerischen Raum zu versorgen. Das Gas sollte unter anderem auch aus Norddeutschland bezogen werden. Diese Gesellschaft hatte ihren Sitz in Nürnberg. Beteiligt war das Reich, das Land und die Gemeinden. Nach dem Krieg hat man diese Gesellschaft aufgelöst. Die beiden großen Städte Bayerns — Nürnberg und München — haben dann ihre Gruppengasversorgung aufgebaut, d. h. die Städte, die in ihrem Raum benachbart lagen, hat man mit Gas von zentralen Werken aus versorgt. Die Ferngasversorgung Mittelfrankens wird heute praktisch durch die EWAG, Nürnberg, repräsentiert. Von ihr werden nach dem Stand des Jahres 1970 die Städte Ansbach, Eichstätt, Erlangen, Fürth, Hersbruck, Schwabach, Stein, Treuchtlingen und Weißenburg sowie die oberpfälzische Stadt Neumarkt beliefert. — Eigengaserzeuger sind noch die Städte Gunzenhausen und Rothenburg o. d. T.

Der Gasverbrauch ist seit 1950 laufend angestiegen. Kleinere Absenkungen sind konjunkturbedingt. Heute produziert das Gaswerk Nürnberg für die EWAG über 200 Mio. m³ Gas pro Jahr. Diese Menge wird zum größten Teil in der Kokerei des Werkes aus Steinkohle gewonnen. Ein Teil wird in Spaltanlagen erzeugt, in denen Leichtbenzin zu Gas gespalten wird.

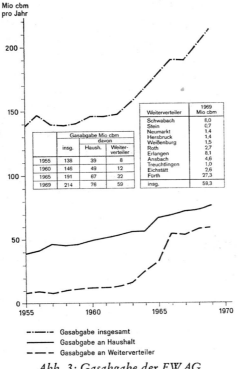

Abb. 3: *Gasabgabe der EWAG*

Das Ferngasnetz der EWAG hat heute eine Hochdruckleitungslänge von 245 km. Dieses mittelfränkische Netz steht im Verbund mit dem Fernleitungsnetz der Ruhr-Gas AG, die Gas bis in den Raum Frankfurt bringt und von dort zusammen mit der „Saar-Gas" eine Gemeinschaftsleitung nach Würzburg—Bayreuth—Hof—Weiden—Amberg hat, die mit Unterstützung des Bundes und des Landes entstanden ist. Diese Leitung endet im Speicher Eschenfelden bei Sulzbach-Rosenberg in der Oberpfalz.

Hier ist ein geologisch besonders günstiges Gelände für die Anlage eines Untertagegasspeichers gefunden worden. Der Standort befindet sich in der relativ geringen Entfernung von 48 km vom mittelfränkischen Verbrauchs- und Verteilerschwerpunkt Nürnberg. Der Speicher ist von ausschlaggebender Bedeutung für den günstigen Bezug von Erdgas, wie später noch nachgewiesen werden wird.

Beim Aquiferspeicher — um einen solchen handelt es sich hier — benutzt man eine geologische Struktur, die der einer natürlichen Erdgaslagerstätte sehr ähnlich ist. Das Gas wird in eine poröse Gesteinsschicht einige hundert Meter unter der Erdoberfläche eingepreßt, die von einer gasundurchlässigen, kuppelförmigen Tonschicht überdeckt sein muß. Beim Einpressen verdrängt das Gas das im Porenraum des Speichergesteins befindliche Wasser, das den Abschluß des Speicherraumes nach unten und durch seinen Druck die Wiedergewinnung des Gases garantiert. Im Endausbau können aus dem Speicher täglich bis maximal 3 Mio. m³ Gas entnommen werden. An dem Speicher ist die Ruhr-Gas, die Saar-Ferngas und die EWAG mit je ⅓ der Speichermöglichkeit und entsprechend auch an den Kosten beteiligt.

Die Investition, die dieser Speicher verlangt, liegt in der Größenordnung von etwa 13 Mio. DM. Dazu kommt noch die Leitung mit 12 Mio. DM, die gebaut wurde. Schon heute sind 40 Mio. m³ Spaltgas in diesem Speicher. Physikalische Funktion und technisches System des Speichers sind in dem Bild „Schema eines Untertagegasspeichers" dargestellt. Der Speicher selbst ist verhältnismäßig groß. Die EWAG rechnet für ihren Anteil mit 100 Mio. m³ Speichergas jährlich. Das bedeutet einen Gasinhalt, der 1000mal dem 200 000 m³-Behälter des Nürnberger Gaswerkes entspricht.

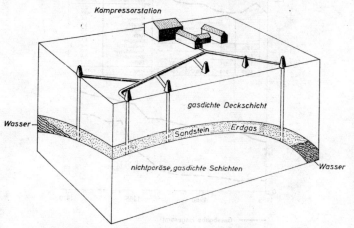

Abb. 4: Schema eines Untertagegasspeichers

Nach den Betriebserfahrungen der EWAG ist in der Gasversorgung ein gewisser *Strukturwandel* festzustellen. Der Haushaltsverbrauch hat ständig zugenommen, insbesondere durch zunehmenden Übergang auf Raumheizung. Die Industrieabnahme dagegen ist seit 1952 rückläufig und zeigt erst in den letzten Jahren wieder eine leichte Zunahme. Dieser Vorgang hängt damit zusammen, daß sich die Industrie — soweit sie stark wärmeverbrauchend ist — auf Flüssiggas umgestellt hat, das sie von den Raffinerien billiger bekommt als das Stadtgas geliefert werden kann.

Bemerkenswert ist der starke Verbraucheranstieg bei den Weiterverteilern der Ferngasversorgung Nürnberg. Sehr viel Gas — und zwar in steigendem Maße — wird für die Raumheizung verwendet. So wurde im Sommer 1969 ein Verbrauch von nur 300 000 m³, im Winter dagegen bis zu 1 Mio. m³ registriert.

Die EWAG nimmt auf Grund der Entwicklung in der Gaswirtschaft an, daß die Gasheizung immer mehr bevorzugt wird. Das bedeutet, daß sich die Winterspitzen noch mehr vergrößern werden, ohne daß im Sommer der Gasverbrauch steigen wird. Im Jahre 1952 war der Winterverbrauch noch verhältnismäßig wenig höher als im Sommer. Die Gasheizung war damals erst in geringem Maße in Anwendung. Der Trend des Strukturwandels geht immer mehr in Richtung Heizgas. Die EWAG hat heute schon rund 22 000 Gasheizkörper in Betrieb und muß auf diesem Sektor gegenwärtig etwas zurückhaltend operieren, weil ihre Anlagen für die Deckung allzu rasch wachsender Spitzen u. U. nicht ausreichen könnten und hohe Investitionen für die kurze Übergangszeit bis zum Vollbezug von Erdgas nicht lohnend und daher nicht vertretbar wären.

Die *Zukunft* in der Gasversorgung gehört dem *Erdgas*. Schon seit langer Zeit bemüht sich die EWAG um preisgünstiges Erdgas für Industrie, Gewerbe und Haushaltungen ihres direkten und indirekten Versorgungsgebietes. Dieses Bemühen wurde durch das Fehlen genügend ergiebiger Erdgasfelder im süddeutschen Raum wesentlich erschwert.

Zuerst wurde versucht, Erdgas vom Voralpengebiet nach Nordbayern zu bekommen. Die dortigen Vorkommen reichen aber für einen längeren Zeitraum nur zur Deckung des Münchener Bedarfs aus. Dann wurde die Bezugsmöglichkeit aus Algerien geprüft. Man hätte das Sahara-Gas verflüssigen, mit Schiffen nach Triest oder Genua transportieren, und von da aus als Gas per Pipeline nach Bayern transportieren müssen. Die Verhandlungen scheiterten zunächst an der ungenügenden Absicherbarkeit des Bezugs und an den geforderten Vertragsbedingungen (z. B. Goldklausel, Weiterzahlung bei Ausfall der Leitung). Die Bezugsmöglichkeit aus Holland und aus Norddeutschland schied ebenso wegen des Preises (hohe Beteiligungskosten) aus. Erst mit der Unterzeichnung des Erdgaslieferungsvertrages zwischen der Ruhr-Gas AG und den Städtischen Werken Nürnberg GmbH am 1. 10. 1970 wurde die wichtigste Voraussetzung für die künftige Versorgung des mittelfränkischen Wirtschaftsraumes mit Erdgas geschaffen.

Bisher wird von der EWAG ausschließlich Stadtgas verteilt. Die Tageskapazität beträgt heute etwa 1,3 Mio. m³ mit einem Brennwert von 4200 kcal/m³. Infolge der hohen Kosten für die Rohstoffe der Gaserzeugung und der laufend gestiegenen Lohnkosten, verbunden mit immer geringer werdenden Erlösen bei den Nebenprodukten, arbeitete die Gaserzeugung praktisch aller Gasversorgungsunternehmen in den letzten Jahren kaum mehr wirtschaftlich. Erst der Übergang auf den Bezug von Erdgas, verbunden mit einer wesentlichen Steigerung des Gasabsatzes, läßt hier eine Besserung erwarten. Das Erdgas bietet außer dem Preis noch eine Reihe weiterer Vorteile. Es steht in Mengen zur Verfügung, die auch bei starker Zunahme des Bedarfs für Jahrzehnte ausreichen. Da es einen etwa doppelt so hohen Heizwert je Kubikmeter besitzt wie das Stadtgas, benötigt es für die gleiche Energiemenge kleinere Rohrquerschnitte und verursacht somit geringere Transportkosten. Es muß allerdings in Kauf genommen werden, daß die Brenner der Verbrauchsgeräte, die jetzt mit Stadtgas arbeiten, auf die abweichenden Brenneigenschaften von Erdgas erst umgebaut oder einreguliert werden müssen.

Nach dem Erdgaslieferungsvertrag bezieht die EWAG ab 1. 10. 1973 eine Jahresmenge von 120 Mio. m³ Erdgas mit einem Brennwert von 8400 kcal/m³. Diese Menge erhöht sich stufenweise bis zum 1. 10. 1977 auf 600 Mio. m³ Erdgas. Der Vertrag hat zunächst eine Laufzeit von 20 Jahren. Das Erdgas stammt aus den vereinbarten Lieferungen der UdSSR. Gemäß dem am 1. Februar 1970 von der russischen Sojuznefteexport und der Ruhrgas AG unterzeichneten Vertrag sollen nach der Anlaufphase jährlich 3 Milliarden m³ abgenommen werden. Vorverhandlungen über wesentliche Erhöhungen der Liefermenge sind Anfang 1972 eingeleitet worden.

Das russische Erdgas wird bei Waidhaus an der Grenze zwischen der CSSR und der BRD an die Ruhrgas AG übergeben. Es gelangt von dort über noch zu bauende unterirdische Hochdruckleitungen bis Weiden (26 km). Hier verzweigt sich die Transportleitung. Ein Strang führt nach Südbayern über Schwandorf nach Forchheim bei Neustadt/Donau (106 km) zur Bayerischen Ferngas AG (Bayerngas), der andere Strang über Eschenfelden in der Nähe von Haimendorf (80 km), wo die EWAG nordöstlich des Nürnberger Autobahnkreuzes das Gas übernehmen und über ihre schon bestehende Hochdruckleitung Nürnberg-Eschenfelden in ihr Hochdrucknetz einspeisen wird (vgl. dazu Abb. 57.

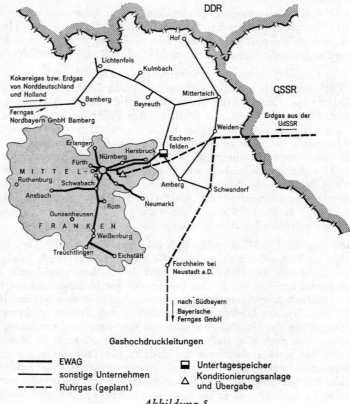

Abbildung 5

Das russische Erdgas hat einen hohen Methangehalt von über 90 v. H. Die Hauptmenge des in Norddeutschland gefundenen Erdgases und das Gas aus dem großen Feld bei Groningen/Holland haben einen Methangehalt von etwas über 80 v. H. und können nicht ohne weiteres gegen das russische Erdgas ausgetauscht werden. Für die EWAG stellt sich daher die Frage, ob sie das russische Erdgas in Originalqualität verteilen oder durch Zumischung von internen Gasen dem holländischen Erdgas anpassen — konditionieren — soll. Die EWAG hat sich für die zweite Möglichkeit entschieden.

Dafür waren die beiden folgenden Gründe ausschlaggebend: Erstens muß bei der großen Entfernung zu den russischen Erdgasfeldern, bedingt durch notwendige Reparaturen und Baumaßnahmen, immer wieder einmal mit einem kurzzeitigen Ausfall der Gaslieferung gerechnet werden. Bei Verteilung von auf holländische Qualität konditioniertem russischem Erdgas läßt sich dieses jederzeit kurzfristig und ohne Störungen für den Kunden durch holländisches Erdgas ersetzen, das über den Speicher Eschenfelden nach Nürnberg geleitet werden kann. Da im überwiegenden Teil der Bundesrepublik Erdgas holländischer Qualität verteilt wird, hat die EWAG durch ihre Entscheidung, eine konditionierte russische Qualität zu verteilen, Anschluß an das deutsche Erdgasverbundnetz gefunden und somit bedeutende Vorteile im Hinblick auf die Versorgungssicherheit erworben. Der zweite Grund für die Wahl der EWAG ist im Untertagespeicher Eschenfelden zu suchen, den sie gemeinsam mit der Ruhrgas AG und der Saar-Ferngas AG besitzt (je ein Drittel). In diesem kann nur eine einheitliche Gasqualität gespeichert werden. Die beiden Partner der EWAG haben sich mit Rücksicht auf die Ferngas Nordbayern GmbH zur Einlagerung von Erdgas holländischer Qualität entschlossen. Im Falle der Bedienung ihrer Abnehmer mit Erdgas russischer Qualität müßte deshalb die EWAG nicht nur beim Bezug von holländischem Erdgas aus dem Verbundnetz, sondern auch bei allen Füllungs- und Entnahmevorgängen am Speicher eine Umwandlung der Gasqualität vornehmen.

Eine besondere Erschwernis für die EWAG im Erdgasbezugsvertrag ist der von den Russen geforderte gleichförmige Bezug. Sowohl die Ruhrgas AG als auch die EWAG müssen das Gas mit 7000 Vollastbezugsstunden abnehmen, d. h. es muß in jedem Vertragsjahr mindestens das 7000fache der für dieses Jahr bestellten maximalen Stundenmenge bezahlt werden, auch wenn die tatsächlich bezogene Menge kleiner ist. Während heute bei der Gasabgabe, dank des hohen Anteils an Industriegas, im Versorgungsgebiet der EWAG noch über 3000 Vollaststunden erreicht werden, ist zu erwarten, daß sich diese Zahl durch ein rapides Ansteigen des Heizgasabsatzes im Extremfall bis auf etwa 2000 Vollaststunden verringern wird. Zum Ausgleich zwischen den hohen Winterspitzen und den Sommerabsenkungen bei der Gasabgabe und dem über das ganze Jahr fast gleichförmigen Bezug können zwei Möglichkeiten ausgenutzt werden. Einmal verfügt die EWAG mit ihrem Anteil am Untertagespeicher Eschenfelden über einen sehr leistungsfähigen Aquiferspeicher. Zum anderen ist es gelungen, im Kraftwerk Franken I der GFA einen abschaltbaren Abnehmer zu finden, der im Sommer relativ große Gasmengen bezieht, im Winter dagegen bei sinkender Außentemperatur mit seiner Gasabnahme bis auf Null zurückgeht und seinen Energiebedarf aus anderen Quellen deckt, z. B. Öl. Ein abschaltbarer Abnehmer ermöglicht also mit seiner zum Heizgasbezieher gegenläufigen Abnahmecharakteristik einen gleichmäßigen Gesamtgasbezug des Versorgungsunternehmens. Die GFA wird zunächst mehr als die Hälfte der bei der Ruhrgas AG bestellten Jahresmengen abnehmen und zur Stromerzeugung verwenden.

Der Rest des bestellten Gases steht für die von der EWAG direkt versorgten 150 000 Kunden innerhalb und außerhalb Nürnbergs sowie für die elf Städte und Gemeinden, die als Weiterverteiler die Gaslieferung an den Endabnehmer selbst durchführen, zur Verfügung. Dies bedeutet, daß im Versorgungsgebiet der EWAG der Gasabsatz an Industrie, Gewerbe und Haushalt bis zum Jahr 1978 gegenüber dem heutigen Stand mehr als verdoppelt werden muß.

Der Bezugspreis des Erdgases für die EWAG gliedert sich wie beim überwiegenden Teil der heute abgeschlossenen Erdgas- oder Ferngasbezugsverträge in einen Leistungspreis und einen Arbeitspreis. Der Leistungspreis ist für jede in der Spitzenstunde eines Jahres bezogene Wärmeeinheit zu bezahlen und soll ein Äquivalent zu den fixen Kosten des Lieferanten darstellen. Der Arbeitspreis ist für jede innerhalb des Jahres bezogene Wärmeeinheit zu entrichten und deckt die variablen Kosten ab. Die von der EWAG zu zahlenden Leistungs- und Arbeitspreise sind über die bei Bezugsverträgen mit der Ruhrgas AG übliche Preisgleitklausel an den Preis des schweren Heizöls und an den Lohn gebunden, d. h. 70 % des Preises sind orientiert am Ölpreis, 20 % sind fest und 10 %

entfallen auf den Lohn. Aus der für den Bezug der EWAG gültigen Aufteilung des Gaspreises in Leistungs- und Arbeitspreis wird sich zwangsläufig auch für den Kunden der EWAG ein um so niedrigerer Gesamtpreis je Wärmeeinheit ergeben, je höher seine Vollastbezugsstundenzahl oder, anders ausgedrückt, je gleichförmiger sein Bezug sein wird (vgl. dazu Abb. 6).

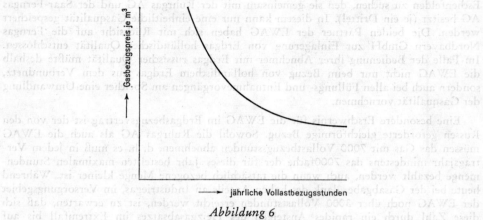

Abbildung 6

Die UdSSR ist mit dem von ihr gebotenen Erdgaspreis keineswegs als Preisbrecher gegenüber den holländischen und deutschen Erdgasproduzenten anzusehen. Die Einstandspreise ab Grenze für russisches Erdgas sind offenbar nicht wesentlich günstiger als die für holländisches Erdgas. Die von den bayerischen Versorgungsunternehmen für russisches Erdgas geforderten Preise liegen unter Berücksichtigung der Kosten, die durch die harten Vertragsbedingungen, wie große, festbestellte Mengen und Abnahme mit 7000 Vollastbezugsstunden, über dem, was norddeutsche Gasversorgungsunternehmen für holländisches Erdgas zahlen müssen. Andererseits sind sie aber niedriger als die Preise, die im mittelfränkischen Raum für holländisches Erdgas zu bezahlen wären, so daß die EWAG bei straffer Kalkulation ihren Kunden sicherlich Preise bieten kann, die so attraktiv sind, daß die geplanten Absatzsteigerungen auch realisiert werden können.

In einer zusätzlichen Abmachung wurde der EWAG von der Ruhrgas AG zugesagt, daß sie ab Sommer 1972 bis zur Aufnahme der Lieferungen russischen Erdgases im Oktober 1973 holländisches Erdgas in kleineren Mengen erhalten wird. Dadurch ist es möglich, schon etwa ab September 1972 mit der Umstellung der Verbrauchsgeräte auf Erdgas zu beginnen. Aus technischen Gründen muß bei den Abnehmern, die über die Hochdruckleitung Nürnberg—Hersbruck beliefert werden, mit der Umstellung begonnen werden. Das sind im wesentlichen die Gemeinden Hersbruck, Lauf, Röthenbach und Schwaig. Die Umstellung wird dann in Raten von 1000 bis 1500 Abnehmern je Woche fortgesetzt und soll etwa bis zum Jahr 1977 im gesamten Versorgungsgebiet abgeschlossen sein. Die Kosten der Umstellungen werden ungefähr 70 Mio. DM betragen. Davon entfallen auf die Geräteumstellung etwa 34 Mio. DM und auf die Umstellung der Rohrnetze etwa 36 Mio. DM.

Der Erdgasbezug bedeutet außerdem, daß die Kokerei und auch die Spaltanlagen der EWAG Zug um Zug abgebaut und schließlich stillgelegt werden. Hierbei fallen Stillegungskosten in Höhe von 10 bis 12 Mio. DM an.

Bemerkenswert ist noch, daß das Erdgas nicht in Kubikmeter bezogen wird, sondern in Wärmeeinheiten. Das bedeutet, daß auch die Gastarife auf den Preis von Wärmeeinheiten abgestellt werden müssen.

Zweifellos wird die Umstellung finanzielle Belastungen, Probleme und Unannehmlichkeiten für alle Beteiligten mit sich bringen. Es wäre aber sehr kurzsichtig, deshalb auf die preiswerte und zukunftsträchtige Energie Erdgas zu verzichten.

Einen besonders großen Vorteil verschafft die Verwendung von Erdgas der Allgemeinheit unter den Gesichtspunkten des *Umweltschutzes,* denn das Erdgas enthält praktisch keinen Schwefel und kein Kohlenmonoxyd. Seine Abgase aus der Verbrennung sind also weder giftig noch korrosiv. Durch seine Verwendung wird ein *wesentlicher Beitrag zur Reinhaltung der Luft* geleistet werden können.

V. Zusammenschau und Ausblick

Bei einer Gesamtbetrachtung und Beurteilung der einzelnen Energieversorgungszweige kann festgestellt werden, daß sich die mittelfränkische Energiesituation in den letzten 20 Jahren erheblich verbessert hat. Die ehedem sehr ungünstige Wirkung der Revierferne und das Fehlen eigener Primärenergiequellen sind in bemerkenswertem Maße gemildert worden. Sie wird mit der Inbetriebnahme des Hafens Nürnberg und zusätzlich später mit der durchgehenden Wasserstraßenverbindung zur Donau weiter verbessert werden. Im Bereich der Erzeugung bzw. Veredelung wie auch der Verteilung hat die mittelfränkische Energiewirtschaft einen hohen Leistungsstand erreicht.

Dazu muß herausgestellt werden, daß an diesem Ergebnis der auf privatwirtschaftlicher Basis arbeitende Konzern „Städtische Werke GmbH Nürnberg" nicht nur für das Kerngebiet des Ballungsraumes entscheidenden Anteil hat. Durch seine Organisation ist eine optimale Nutzung der Primärenergiemärkte möglich. Ohne diese Konstruktion hätte es kaum den im Zusammenwirken mit der GFA erzielten wirtschaftlich vorteilhaften Ausgleich, nämlich die jeweils rechtzeitige Umstellung und die saisonale Kompensation zwischen Kohle, schwerem Heizöl und nunmehr Erdgas, gegeben.

Für die Zukunft ist festzustellen, daß die regionale Vorsorge sicher ausreichend geplant hat. Das Projekt einer Erdölraffinerie im nördlichen Bereich der Region, der auf 20 Jahre gesicherte Erdgasbezug aus der Sowjetunion und die vorgesehenen Ausbaukapazitäten der Stromerzeugung dürften bewirken, daß die Energiebedarfsdeckung des mittelfränkischen Raumes zumindest im nächsten Jahrzehnt kaum mit großen regionalen Problemen belastet sein wird.

Sorgen bestehen allerdings im gewissen Umfang in den Bereichen, die regional nicht beherrscht werden können. Es ist naheliegend, daß im Ausblick auf die Zukunft angesichts der Abhängigkeit Europas von den sich zunehmend zusammenschließenden Ölländern die Gewinnung von Kernenergie immer intensiver ins Gespräch kommt. Bei der GFA sind Überlegungen zur Errichtung eines Kernkraftwerkes seit langem im Gange. Pressemeldungen von Anfang März 1971 besagen, daß bei der GFA zwar noch keine Entscheidungen gefallen seien, sich jedoch bereits heute absehen läßt, daß der Baubeschluß für ein Kernkraftwerk spätestens 1972 gefaßt werden dürfte. Mit größter Wahrscheinlichkeit wird dieses Kernkraftwerk in der zweiten Hälfte der 70er Jahre gebaut werden. Nach heutigen Maßstäben werden die Kosten zwischen 600 und 900 Millionen Mark liegen. Die Leistung des Werkes liegt voraussichtlich zwischen 800 und 1200 Megawatt. Die GFA wird das Werk in Partnerschaft mit einem oder mehreren anderen Unternehmen realisieren. Der Standort des Werkes ist zwar noch nicht gewählt, er könnte aus wasserwirtschaftlichen Gründen wahrscheinlich im nördlichen Vorfeld der Industrieregion, im Flußsystem der Regnitz und des Mains, angenommen werden.

Literaturhinweise

IPFELKOFER, J.: Energie- und Nahverkehrspolitik. In: Amtsblatt der Stadt Nürnberg Nr. 48/1970.
OBERNOLTE, W.: Elektrizitätswirtschaftliche Probleme aus der Sicht des Bundes. Vortrag Mai 1970 in Schweinfurt.
SCHELBERGER, H.: Die Situation des Erdgases in der BRD. Sonderdruck aus „gas, wärme, international", Bd. 18/1969.
SEGELKEN, L.: Gutachten über die bayerische Gaswirtschaft in der europäischen Erdgasversorgung — erstattet für das Bayerische Staatsminsterium für Wirtschaft und Verkehr. München 1968.
Akademie für Raumforschung und Landesplanung: Energiewirtschaft und Raumordnung. Referate und Diskussionsbemerkungen anläßlich der 6. Wiss. Plenarsitzung 1966 in Düsseldorf. Forschungs- und Sitzungsberichte Band XXXVIII, Hannover 1967. — Probleme der energiewirtschaftlichen Regionalplanung, Forschungs- und Sitzungsberichte, Bd. 44 — (Raum und Energie 1) Hannover 1968.
Arbeitsgemeinschaft regionale Entwicklungsarbeit in Bayern: Untersuchungsberichte — Strukturanalysen — über die Stadt- und Landkreise Eichstätt, Ansbach, Dinkelsbühl, Feuchtwangen, Rothenburg o. d. T. und Uffenheim. Bearbeitet vom Rationalisierungskuratorium der Deutschen Wirtschaft, Landesgruppe Bayern. München 1959—62.
Bayerisches Staatsministerium für Wirtschaft und Verkehr: Ein Programm für Bayern I, München 1969. Ein Programm für Bayern II, München 1970. Energie für Bayern, WV/Heft 70/2, 1970. Regionale Wirtschaftsförderung, WV/Heft 70/4, 1970. — Die Anpassung Bayerns an die EWG. München 1966. — Chancen, Probleme und Aufgaben. München 1967.
Bayernwerk A. G.: Bericht über die öffentliche Elektrizitätsversorgung in Bayern. München 1969.
Erlanger Stadtwerke A. G.: Voraussichtliche Entwicklung der Elektrizitätsversorgung in Erlangen in den nächsten 20 Jahren. Erlangen 1970. — Voraussichtliche Entwicklung der Fernwärmeversorgung in Erlangen in den nächsten 20 Jahren. Erlangen 1970.
Fränkische Überlandwerk A. G.: Bericht zum Bauprogramm 1969 in der Aufsichtsratssitzung vom 20. 3. 1970. Überlegungen über Investitionen für das 110 KV-Verteilernetz. Nürnberg 1969. Betriebsberichte 1969—1970.
Großkraftwerk Franken A. G.: Geschäftsberichte 1960—1969.
Industrie- und Handelskammer Nürnberg: Festschrift „125 Jahre Industrie- und Handelskammer Nürnberg", 1968. Der Energieverbrauch der mittelfränkischen Industrie. Sonderausgabe der Kammermitteilungen. 1970.
Raumforschung und Landesplanung — Schriftenreihe —: Beiträge zur regionalen Aufbauplanung in Bayern, Herausgeber W. Guthsmuths: Heft 4 — „Die Rhein-Main-Donau-Großschiffahrtsstraße in der Raumplanung" von K. Förster, 2. Aufl. München 1964 — Heft 7 „Raumordnung und Landesentwicklung", München 1959. — Heft 8 „Strukturwandel und Raumplanung — Probleme der Fachplanungen und Strukturprogramme in Bayern", München 1960. — Heft 10 „Aufgaben und Ziele der Raumordnungspolitik — Grundzüge der Raumordnungspläne in Bayern", München 1962. — Heft 11 „Raumordnung und Verkehrsplanung", München 1965.
Ruhrgas A.-G.: Ruhrgas aktuell, Essen 1970. Laufende Presseinformationen, Essen. Beschreibung des Projekts Erdgasleitung Eschenfelden—Nürnberg. Essen 1970.
Verband Bayerischer Elektrizitätswerke e. V.: Elektrizität in Bayern 1919—1969.
Vereinigung Deutscher Elektrizitätswerke — VDEW — e. V.: Zehn Leitsätze zur Ordnung der Grundsatzfragen der öffentlichen Elektrizitätsversorgung. Verbandsmitteilungen 1970.
Wirtschaftswoche — Der Volkswirt —: Heizöl: Je kälter, desto teurer. H. 11/1970.
LAG Bayern: Vorträge und Diskussionsbeiträge zur Jahresversammlung 1972 in Bayreuth—Bamberg—Frauenaurach. Als Manuskript vervielfältigt, München 1972.

Oberbayern als Gegenstand einer Raumanalyse unter energiewirtschaftlichen Aspekten

von
Karlheinz Witzmann, München

I. Raum und Bevölkerung

Der Regierungsbezirk Oberbayern ist der größte der 7 bayerischen Regierungsbezirke. Zu ihm zählen nicht nur München und seine Region und das Alpen- und Voralpengebiet als Fremdenverkehrszone, sondern auch die Industrieräume Ingolstadt, Rosenheim-Mangfalltal und Inn-Salzach-Alz, d. h. das Gebiet des südost-oberbayerischen Chemie-Dreiecks um Alz und Salzach. Mit einer Fläche von 16 339 qkm und einer Einwohnerzahl von 3 311 000 Personen (1. 1. 1970) umfaßt Oberbayern rund 23 % des Gebietes und rund 32 % der Einwohner des Freistaates Bayern.

Als bevölkerungsstärkster Bezirk Bayerns hat Oberbayern heute mehr Einwohner als die beiden nächstgrößeren Regierungsbezirke nämlich Schwaben und Mittelfranken zusammen.

Gegenüber dem Stand von 1939 hat der Regierungsbezirk bis heute eine Bevölkerungszunahme um 1 376 000 Menschen oder 71 % erfahren. Diese Bevölkerungsmehrung seit Kriegsbeginn ist größer als die heutigen Einwohnerziffern jedes einzelnen der vier Regierungsbezirks Niederbayern, Oberpfalz, Oberfranken und Unterfranken und fast so groß wie die heutigen Einwohnerzahl von Mittelfranken oder Schwaben. Bemerkenswert ist ferner, daß nicht die Jahre 1939—1950, d. h. die Zeit der Evakuierung, Flucht, Vertreibung und Umsiedlung großer Bevölkerungsmassen innerhalb des deutschsprachigen Raumes Mitteleuropas und damit die Zeit der durch Kriegseinwirkung und Kriegsfolgen bedingten größten Bevölkerungsmobilität in Mitteleuropa, auch die größte Bevölkerungszunahme für Oberbayern brachten. Vielmehr entfiel auf die Zeitspanne seit 1950, die die Jahre des Wiederaufbaues der kriegszerstörten Städte und der gewerblichen Wirtschaft sowie die Periode des großen Strukturwandels Bayern vom Agrarstaat zum Industriestaat umfaßt, ein weit größerer Anteil des Bevölkerungswachstums als auf die Zeit der unmittelbaren Nachkriegsepoche. Zwischen 1939 und 1950 wuchs die Einwohnerzahl des Regierungsbezirks Oberbayern um 521 000 Personen. Im folgenden Jahrzehnt zwischen 1950 und 1961 betrug die Zunahme 299 000 Personen und zwischen 1961 und 1970 hat der Regierungsbezirk abermals um 526 000 Personen zugenommen. Entsprach das Wachstum von 1939—1950 primär der Aufnahme der Evakuierten, Heimatvertriebenen und Flüchtlinge, so zeigte die Bevölkerungsmehrung zwischen

1950 und 1960 bereits die Auswirkungen der in Bayern seit Mitte der 50er Jahre intensiv betriebenen regionalen Wirtschafts- und Strukturpolitik. Bayern hat seit Kriegsende bzw. seit dem Wiederanlaufen der Normalisierung und der Konsolidierung der Wirtschaft bewußt eine Politik der Industriealisierung betrieben und durch die gezielte Neuansiedlung von Industriebetrieben in bisher nicht oder nur schwach industrialisierten Räumen sowie durch die Entwicklung und den Ausbau bestehender Betriebe relativ kurzfristig und nachhaltig die Struktur weiter Gebiete verändert. Damit ist es, wenn auch mit unterschiedlichem Erfolg in den einzelnen Regionen, gelungen, den Abstand zu den klassischen deutschen Industrieräumen zu verringern, das Bruttoinlandsprodukt zu erhöhen und die Bevölkerungsentwicklung insoweit zu verändern, als Bayern von einem Abwanderungsland zu einem Land mit Wanderungsgewinn wurde und schließlich aus dem Kreis der „armen und nehmenden Bundesländer" in die Gruppe der wohlhabenderen Länder überwechselte.

Im besonderem Maße wurden die Erfolge dieser gezielten regionalen Wirtschafts- und Strukturpolitik in Oberbayern deutlich. Der Regierungsbezirk konnte in der kritischen Phase zwischen 1950 und 1961 seinen Einwohnerstand nicht nur halten, sondern durchaus sogar die Wachstumsquote des vorangegangenen Jahrzehnts, der Zeit der durch außerwirtschaftliche Faktoren bestimmten Bevölkerungsmehrung, zu 57 % erreichen. Im folgenden Jahrzehnt zwischen 1961 und 1970 wurde die absolute Zahl der Bevölkerungszunahme der Kriegs- und ersten Nachkriegszeit sogar überschritten. Die Bevölkerungsmehrung des letzten Jahrzehnts um 526 000 Personen wurde in erster Linie durch die Zuwanderung aus den übrigen Bundesländern, sowie im besondern Maße aus dem Ausland, getragen und war allein von wirtschaftlichen Faktoren bestimmt. Sie macht die dynamische wirtschaftliche Entwicklung des Regierungsbezirks besonders deutlich.

Schwerpunkte der Besiedlung und damit der Konzentration von Bevölkerung und Arbeitsstätten sind in Oberbayern die Region München sowie die Räume Ingolstadt, Inn-Salzach-Alz und Rosenheim-Mangfalltal. Dabei liegt die Region München mit der Landeshauptstadt, Stadt Freising und 8 Landkreisen des Umlandes mit mehr als 2 Mio. Einwohnern an der Spitze aller bayerischen Verdichtungsräume.

Dem Südteil des Regierungsbezirks, d. h. dem Raum entlang des Alpen- und Voralpenbereichs, kommt die überregionale Funktion einer Fremdenverkehrszone zu, während die Bereiche zwischen den Verdichtungs- und Industrieräumen im Westen, Nordwesten und Nordosten mit Ausnahme der zentralen Gemeinden noch stark landwirtschaftlich geprägt sind. Kennzeichnend für das Gewicht Oberbayerns ist auch, daß dieser Regierungsbezirk trotz großer für eine Besiedlung nicht oder nur bedingt geeigneter Räume im Alpen- und Voralpengebiet (Berge, Wälder, Moore und Flußauen) mit einer Einwohnerdichte von 202 Einwohnern je qkm nicht nur erheblich über dem Landesdurchschnitt (149 Einwohner je qkm) liegt, sondern daß die Bevölkerungsdichte auch um rund 50 Einwohner je qkm die aller übrigen Regierungsbezirke übertrifft.

Die Verteilung der Bevölkerung innerhalb des Regierungsbezirks ergibt einen deutlichen Schwerpunkt im Raume München, wobei hier München selbst mit mehr als 1 350 000 Einwohner als Solitärstadt den Kern der Region bildet. Die stärkste Verflechtung mit der Landeshauptstadt haben die einwohnerstarken Landkreise München (162 000 Einwohner) und Fürstenfeldbruck (125 000 Einwohner).

Ein weiterer Siedlungsschwerpunkt ist die Stadt Ingolstadt, die mit ihrem Verflechtungsbereich rund 100 000 Einwohner zählt. Weitere einwohnerstarke und damit große Landkreise sind Traunstein, Rosenheim, Altötting und innerhalb der Region München die Landkreise Starnberg, Ebersberg und Erding.

Die Einwohnerdichtewerte differieren innerhalb des Regierungsbezirks je nach Siedlungsform und Wirtschaftsstruktur erheblich. Während sie in München bei rund 4200 Einwohner je qkm liegen, erreicht der Landkreis Bad Tölz als Gebirgslandkreis mit wenig besiedlungsfähigen Flächen nur 53 E/qkm.

Von den Erwerbspersonen des Regierungsbezirks zählten Anfang 1969 48,9 % zum tertiären Bereich, 39,9 % zum produzierenden Gewerbe und 11,2 % zum Bereich der Land- und Forstwirtschaft. Im Landesdurchschnitt beträgt der Anteil der Land- und Forstwirtschaft 16,2 %, des produzierenden Gewerbes 44,4 % und des tertiären Bereiches 39 %. Oberbayern liegt damit in den Bereichen Land- und Forstwirtschaft und produzierendes Gewerbe unter dem Landesdurchschnitt, während der Anteil des tertiären Bereiches den Landesdurchschnitt wesentlich übertrifft. Der Regierungsbezirk weist somit eine Verteilung der Erwerbspersonen auf die drei Hauptwirtschaftsbereiche auf, die sich bereits heute weitgehend den Zielvorstellungen für die anzustrebende Landesentwicklung in der mittleren Zukunft nähert.

Bei einem bayerischen Bruttoinlandsprodukt von 75,6 Milliarden DM im Jahre 1966 entfielen auf den Regierungsbezirk Oberbayern 27,4 Milliarden DM oder 36,2 %. Dieser oberbayerische Anteil wurde zu 3,5 % von der Land- und Forstwirtschaft, zu 46,9 % vom produzierednen Gewerbe und zu 49,7 % vom tertiären Bereich, d. h. Handel, Dienstleistungen und Fremdenverkehr, erwirtschaftet.

Der Regierungsbezirk Oberbayern repräsentiert derzeit, wie die vorstehende kurze Darstellung zeigt, 23 % der Fläche, 32 % der Bevölkerung und 36 % des Bruttosozialproduktes des Freistaates Bayern.

II. Raum und Industrie

Im Zusammenhang mit der energiewirtschaftlichen Themenstellung ist es angebracht, sowohl die sektorale und regionale Verteilung der industriellen Arbeitsstätten im Regierungsbezirk Oberbayern als auch ihre Entwicklung besonders zu untersuchen.

Von einer ausreichenden wirtschaftlichen und preisgünstigen Versorgung mit Energie in ihren verschiedenen Erscheinungsformen hängt ohne Zweifel die künftige Entwicklung der Industrie weitgehend ab, während andererseits die Steigerung der industriellen Nachfrage nach Energie entscheidende Impulse für den weiteren Ausbau der Anlagen für die Energieerzeugung und -verteilung gibt.

Die Industrie als potentieller Energienachfrager verdient auch deswegen im Rahmen dieser Untersuchung eine besondere Darstellung, weil von den vier wichtigsten Energieträgern, nämlich der Kohle, dem Heizöl, dem Strom und dem Gas den beiden letzteren, Strom und Gas, für den industriellen Bereich die größte Bedeutung zukommt. Der Stromverbrauch der Industrie liegt auch heute noch erheblich über dem aller übrigen Verbrauchergruppen.

1969 verbrauchte die Industrie in Bayern 14 936 Mio. kWh gegenüber einem Verbrauch der Haushalte, des Gewerbes, der Landwirtschaft und dem öffentlichen Verbrauch (übrigen Verbrauchergruppen) von 9900 Mio. kWh. Auch im Gasverbrauch liegt die Industrie weit an der Spitze vor den übrigen Verbrauchergruppen. 1969 verbrauchte die Industrie in Bayern 1542 Mio. Nm^3 gegenüber dem Verbrauch der übrigen Gruppen von 940 Mio. Nm³. Dabei ist nicht zu übersehen, daß etwa beim Stromverbrauch die übrigen Verbrauchergruppen seit 1958 erheblich nachgezogen haben. Ihre Steigerungsrate liegt bei 242 % gegenüber der Steigerungsrate der Industrie von 92 %. Anders ist es beim Gasverbrauch. Hier nahm zwischen 1958 und 1969 der industrielle Verbrauch um 700 % zu, während der Verbrauchszuwachs der übrigen Gruppen 264 % erreichte. Im Verbrauch von Kohle und Heizöl übertreffen die übrigen Gruppen den industriellen Verbrauch nicht unerheblich.

Energie-Verbrauch in Bayern¹)

Energie-Verbrauch der Industrie

	1958	1965	1969	Zunahme 1958—1969 i.v.H.
Kohle (1000 t SKE)	5000	3419	1967	— 60
Heizöl (1000 t)	525	2894	4350	+ 728
Gas (Mio Nm³)	192	654	1542	+ 700
Strom (Mio kWh)	7793	11 738	14 936	+ 92

Energie-Verbrauch der übrigen Gruppen
(Haushalte, Gewerbe, Landwirtschaft, öffentl. Verbrauch)

	1958	1965	1969	Zunahme 1958—1969 i.v.H.
Kohle (1000 t SKE)	4250	3029	2271	— 46,5
Heizöl (1000 t)	900	5540	8280	+ 820
Gas (Mio Nm³)	258	633	940	+ 264
Strom (Mio kWh)	2893	6557	9900	+ 242

Quelle: 12 Jahre Energiepolitik in Bayern. 70/2 WV Hefte, Schriftenreihe des Bayer. Staatsministeriums für Wirtschaft und Verkehr, München 1970.

Wegen der Schlüsselposition, die die Industrie als Verbraucher im Bereich der Elektrizitätswirtschaft einnimmt, soll nun die Entwicklung der Industrie in Oberbayern im sektoralen und regionalen Bereich dargestellt werden. Außerdem wird versucht, aus regionalwirtschaftlicher Sicht Aussagen über die zu erwartende und erwünschte Entwicklung der Industrie in der mittleren Zukunft zu machen. Bei dem nicht zu übersehenden funktionalen Zusammenhang zwischen der Industrie und der Energiewirtschaft können Standortentscheidungen über die Situierung künftiger Kraftwerkseinheiten nicht ohne Rücksicht auf das Geschehen und die Entwicklung in den industriellen Verdichtungsräumen, als den Hauptabnahmegebieten für elektrische Energie, getroffen werden. Es soll daher auch versucht werden, aus der Sicht der regionalen Industrie- und Wirtschaftspolitik und der der Regionalplanung die Räume abzustecken, die als Standorte neuer thermischer Kraftwerke besonders geeignet erscheinen.

1. Zeitliche Entwicklung

Bayern war nach Kriegsende gezwungen, eine systematische Strukturpolitik zu betreiben, um die rund 2 Mio. Menschen, die als Evakuierte, Flüchtlinge und Heimatvertriebene neu ins Land gekommen waren, nicht nur beruflich wieder einzugliedern. Neben Maßnahmen mit mittelbarer Wirkung, wie etwa der Verbesserung der Infrastruktur in ihrer gesamten Breite, wurde besonders eine gezielte Industriepolitik be-

---

[1]) Die Energiestatistiken des Bayerischen Staatsministeriums für Wirtschaft und Verkehr und des Bayerischen Statistischen Landesamts stimmen wegen der Abweichungen der Erhebungsmodalitäten nicht ganz überein (vgl. a. die Tabellen a. a. O.).

trieben, die zur Schaffung neuer industrieller Zentren in bisher agrarisch orientierten Landesteilen und damit zu einer erheblichen Steigerung der Industriedichte des Landes führte.

Als Erfolg dieser Politik erhöhte sich in Bayern die Zahl der industriellen Arbeitsplätze zwischen 1952 und 1955 um 123 000 und zwischen 1955 und 1970 um weitere 427 000 bis auf 1 380 563 (30. 6. 1970). Die Gesamtsteigerung der Zahl der industriellen Arbeitsplätze betrug seit 1952 also 550 229 oder 66,25 %.

Die Vergleichszahlen in der oberbayerischen Industrie betragen:
Zunahme 1952—1955   32 500,
1955—1970   164 900.

Im Regierungsbezirk Oberbayern waren am 30. 6. 1970 386 552 industrielle Arbeitsplätze vorhanden. Die Gesamtzunahme in Oberbayern beträgt seit 1952 196 690 oder 103,6 %.

Die relativen Zahlen, d. h. die Industriealisierungsdichte, erhöhten sich in Bayern von 90 im Jahre 1952 über 104 im Jahre 1955 auf 129,5 im Jahre 1970.

Wegen des überdurchschnittlichen Bevölkerungswachstums in Oberbayern und des stark ausgeprägten tertiären Bereiches blieben die Industriedichtewerte Oberbayerns immer unter denen des Landesdurchschnitts. Oberbayern liegt trotz des höchsten absoluten Wertes der industriellen Arbeitsplätze mit seiner Industrialisierungsdichte an 5. Stelle der 7 bayerischen Regierungsbezirke. Die Industriealisierungsziffern des Regierungsbezirks entwickelten sich von 76 im Jahre 1952 über 87,3 und 1955 auf 115 im Jahre 1970.

Bereits in der Vorkriegszeit bis 1939 hatte Oberbayern eine bescheidene industrielle Entwicklung zu verzeichnen. Die Entwicklung nach 1945 läßt sich im Zeitablauf in vier Epochen unterteilen, wobei der Beginn eines echten Wiederaufbaus und damit eine erkennbare Entwicklung der Wirtschaft etwa mit dem Jahr 1948 datiert werden kann.

Die vier Zeitabschnitte sind: die Zeit zwischen 1948 und 1955, die Zeit zwischen 1956 und 1966, die Zeit zwischen 1966 und 1968 und die jüngste Zeit seit 1968.

Die einzelnen Abschnitte stellen sowohl strukturell als auch konjunkturell Zäsuren im Wirtschaftsablauf dar.

Die erste Epoche, die Zeit zwischen 1948 und 1955, wurde getragen von dem Bemühen, die Neubevölkerung wirtschaftlich einzugliedern. Neben den Maßnahmen der „negativen Sanierung", nämlich der Umsiedlung aus den agrarischen Räumen, die der ersten Aufnahme der Flüchtlingsbevölkerung gedient hatten in die klassischen Industriereviere und Verdichtungszonen, auch über die Landesgrenzen hinaus, sind als Maßnahmen der „positiven Sanierung" die Palette der Maßnahmen zur Schaffung neuer Arbeitsstätten in den Aufnahmeräumen und damit in den bisher agrarischen Landesteilen zu zählen.

In diesen Zeitabschnitt fällt die erste Welle der Betriebsneugründungen, die den rasch expandierenden Bedürfnissen des Marktes entsprachen, nachdem die Betriebsgründungen zwischen 1945 und 1948 weitgehend nicht mehr marktkonform waren, wie etwa die kunstgewerblichen Produktionen aus Abfällen der Rüstungsindustrie u. ä. Dabei zeigten sich bereits Standortentscheidungen, die volkswirtschaftlichen Bedürfnissen, wie Marktlage, Rohstofforientierung, Verkehrsgunst usw. entsprachen, wenngleich als wichtigste Standortorientierung vorhandene gewerblich nutzbare Räume angesehen wurden.

Speziell in der ersten Phase dieses Zeitabschnittes war die Kapazität der Bauwirtschaft noch so gering und standen so wenig Baustoffe zur Verfügung, daß in jedem Falle der behelfsmäßige Ausbau vorhandener Räume dem Neubau von Betriebsräumen vorgezogen werden mußte. Neue Betriebe entstanden daher in vorhandenen ehemaligen Wehrmachtslagern, in Kasernen und Fliegerhorsten, Depots oder Objekten der demontierten Rüstungsindustrie. Mit Beginn der Neubautätigkeit in der zweiten Hälfte dieses Zeitabschnittes wurde in erster Linie Besitz der öffentlichen Hand wie Exerzierplätze und sonstige militärische Objekte für den Aufbau neuer Industrieanlagen verwendet. Beispiele hierfür sind in Oberbayern etwa die Kasernements und Übungsplätze in Ingolstadt, die u. a. die Ansiedlung der Autounion ermöglichten, oder die ehemals militärisch genutzten Objekte in München, Freilassing, Schongau, Mittenwald, Bad Reichenhall, Landsberg a. Lech und anderen größeren oder kleineren militärischen Standorten, als Sammelpunkte industrieller Mittel- und Kleinbetriebe. Als Paradebeispiele für die Industrialisierungspolitik dieses Zeitabschnittes können schließlich die Rüstungswerke Gartenberg-Geretsried, Kraiburg-Aschau und St. Georgen angesehen werden, aus welchen die Industriegemeinden Geretsried (Lkr. Wolfratshausen), Waldkraiburg (Lkr. Mühldorf) und Traunreut (Lkr. Traunstein) entstanden sind, die sich im Laufe von 20 Jahren zu Oberbayerns „Neuen Städten" mit Einwohnerzahlen zwischen 15 000 und 20 000 Personen entwickelten.

Waren in der ersten Epoche noch vielfach Zufallsentscheidungen, wie etwa die wohnungsmäßige Unterbringung von Unternehmern oder Facharbeitskräften oder ein leerstehendes für gewerbliche Zwecke geeignetes Gebäude, bestimmend für die Entwicklung neuer Arbeitsstätten, so zeigte sich in dem Jahrzehnt zwischen 1956 und 1966 eine betriebswirtschaftlich gezielte Industrialisierung. Auf Seite der Unternehmer stellte sich dieser Zeitabschnitt dar mit der Kapazitätsausweitung vorhandener Betriebe, Konzentration und Verdichtung von Arbeitsstätten, Ausleseprozeß und Neugründungen von Zweigwerken nach systematischer Standortanalyse. Staatlicherseits wurde nicht mehr die breitgestreute Industrieansiedlung, die Schaffung neuer Arbeitsplätze um jeden Preis, sondern die Entwicklung industrieller Schwerpunkte, die örtliche Konzentration im Rahmen einer regionalen Dezentralisierung betrieben. Beispiele sind in Oberbayern etwa die Entwicklung der Mittel- und Unterzentren Freising, Rosenheim, Dachau, Schrobenhausen, Weilheim und Schongau.

Der Arbeitskräftemangel in den Verdichtungsräumen förderte das Entstehen von Zweigwerken außerhalb dieser Gebiete und damit die Wanderung des Betriebs zur Arbeitskraft. Er kam den staatlichen Bemühungen um eine dezentrale Entwicklung der gewerblichen Arbeitsstätten entgegen. Beispiele für diese Arbeitsstättenwanderung waren insbesondere in der Region München feststellbar. Es waren dies etwa die Verlagerung ganzer Betriebe oder Betriebsteile in die Standorte Ebersberg-Grafing, Poing, Landsberg-Kaufering, Pfaffenhofen a. d. Ilm oder in Standorte an der Peripherie des Verdichtungsraumes, etwa in Garching, Unterschleißheim, Eching und Neufahrn.

Dieser Entwicklungsvorgang wurde unterbrochen bzw. die Entwicklung wurde rückläufig, als der Arbeitskräftemangel die massierte Einschleusung ausländischer Arbeitskräfte in die Bundesrepublik erzwang. Von diesem Zeitpunkt an stagnierte die Gründung von Zweigwerken außerhalb der Verdichtungsräume, denn es war für den Betrieb wesentlich leichter und rationeller, Gastarbeiterunterkünfte am bisherigen Betriebsstandort zu erstellen, als räumlich abgesetzt ein Zweigwerk einzurichten, zu führen und zu betreiben. Die im Konjunkturauftrieb weiter stark expandierenden Betriebe erweiterten ihre Kapazität am alten Standort in den Verdichtungsräumen. Sie gaben Anlaß für den sprunghaften Zuwachs der Einwohnerzahl dieser Bereiche, insbesondere für den sprunghaften Zuwachs an Ausländern in den Verdichtungsräumen.

In den Zeitabschnitt zwischen 1955 und 1966 fällt in Oberbayern auch der Aufbau des bayerischen Raffineriezentrums um Ingolstadt. Bei unmittelbarer Auswirkung auf die Preise für schweres und leichtes Heizöl in Bayern ist die Raffinerieansiedlung als entscheidender Erfolg der bayerischen Energiepolitik anzusehen. Außerdem ist zu erwarten, daß die Schaffung der großen Raffineriekapazität im geographischen Mittelpunkt Bayerns auch in Zukunft für die weitere industrielle Entwicklung des Landes von besonderer Bedeutung sein wird.

Die relativ kurze Epoche der Rezession zwischen 1966 und 1968 ließ die Strukturschwäche einzelner Wirtschaftsregionen sowie die Konsequenzen einseitiger Branchenorientierungen deutlich werden. Neben dem allgemeinen Erscheinungsbild einer schrumpfenden Wirtschaft, das etwa in der Schließung von Zweigwerken — soweit sie als verlängerte Werkbank angelegt waren — dem Abbau der Pendler, der Reduzierung des Anteils ausländischer Arbeitskräfte usw. deutlich wurde, ergaben sich auch regional erhebliche Abweichungen im allgemeinen Wirtschaftsabschwung. Die Region München, und hier wiederum die Stadt selbst, konnte dank der strukturellen Vielfalt des Industriepotentials, des großen Polsters an ausländischen Arbeitskräften, welches rasch vermindert werden konnte, und der antizyklisch wirkenden Bauaufträge der öffentl. Hand eine relative Stabilität bewahren, während in der in ihrer Industriestruktur einseitig auf Metallverarbeitung, Fahrzeug- und Maschinenbau abgestellte Region Ingolstadt sehr rasch die Folgen des Aufschwungs deutlich wurden. Ingolstadt wies in der Rezessionsepoche die höchste Arbeitslosenquote des Regierungsbezirks auf.

Mit dem intensiven Einsetzen staatlicher Maßnahmen zur Wiederbelebung der Wirtschaft, den erheblichen Investitionen im Straßen- und Wohnungsbau und in landeskulturellen Maßnahmen sowie der forcierten Kredit- und Bürgschaftspolitik kam auch in Oberbayern die Wirtschaft rasch wieder in einen Aufschwung, der sehr bald boomartige Erscheinungen annahm. Dabei wurden wiederum die strukturellen Mängel durch die konjunkturelle Entwicklung überdeckt. Der akute Arbeitskräftemangel zeigte sich als Hindernis für die strukturverbessernden Maßnahmen. Anstelle der Neugründung industrieller Arbeitsstätten in strukturschwachen Gebieten erfolgte in verstärktem Umfange der Einsatz ausländischer Arbeitskräfte in den Verdichtungsräumen, der dazu führte, daß allein im Arbeitsamtsbezirk München zu Beginn des Jahres 1972 etwa 140 000 ausländische Arbeitskräfte beschäftigt waren.

2. Strukturelle Entwicklung

In den vier Zeitabschnitten wandelte sich das Erscheinungsbild der oberbayerischen Industrie. Neben den für den Raum typischen Industriebereichen wie Holzbe- und verarbeitung, Papiererzeugung, Pechkohlenbergbau, Nahrungs- und Genußmittel (Brauereien, Mälzereien, Milchverarbeitung, Tabakverarbeitung), Steine und Erden und Torfgewinnung hatten schon in der Vorkriegszeit vor allem die Industriezweige Chemie, NE-Metallgewinnung, Textil- und Bekleidung, Maschinenbau und Fahrzeugbau in Oberbayern Fuß fassen können. In der Nachkriegszeit siedelten sich neue Betriebe besonders in der Elektrotechnik, im Fahrzeugbau, in der Textil- und Bekleidungsindustrie, der Druckerei und Vervielfältigungsindustrie, der feinmechanischen und optischen Industrie, der Kunststoffindustrie und schließlich in der Mineralölwirtschaft an. Dabei wurden alte bodenständige Industriegruppen nicht nur von den neu hinzugekommenen nach Beschäftigtenanzahl und Produktionsgeschehen zum Teil weit übertroffen, sondern auch, wie z. B. der oberbayerische Pechkohlenbergbau zeigt, abgelöst. Die relativ spät einsetzende Industrialisierung Bayerns und besonders Oberbayerns, ohne Zweifel begünstigt durch die politische Nachkriegsentwicklung und die damit verbundene Gewinnung eines fachlich qualifizierten Stammes von Unternehmern und Industriearbeitern, bot dem Regierungsbezirk die Chance, Verarbeitungs- und Veredelungsindustrien mit breiter branchenmäßiger Streuung aufzubauen und dabei insbesondere wachstumsintensive Gruppen zu gewinnen.

Nach allgemeiner Ansicht werden heute zu den „wachsenden Branchen" gerechnet: Mineralölwirtschaft, Kunststoffverarbeitung, Fahrzeugbau, NE-Metallindustrie und Gießerei, Elektrotechnik, Papier- und Pappeindustrie, Chemie, Maschinenbau, Gummi und Asbestverarbeitung, Druck und Vervielfältigung, Musikinstrumente, Spiel- und Schmuckwaren und eisenschaffende Industrie. Der Anteil der industriellen Arbeitsplätze Oberbayerns an diesen Wachstumsbranchen beträgt 72,3 % (bayerischer Anteil 63,3 %).

Zu den „stagnierenden Industriegruppen" zählen heute: Stahl- und Leichtmetallbau, Feinmechanik und Optik, Steine und Erden, Glasindustrie, Nahrungs- und Genußmittel, Lederverarbeitung und Schuhe und Holzverarbeitung. Zu dieser Gruppe gehören 17,4 % der oberbayerischen industriellen Arbeitsplätze (Bayern 18,4 %).

Wenn nach allgemeiner Meinung zu den sogenannten „schrumpfenden Industriebranchen" die Textilindustrie, Eisen-, Stahl- und Temperguß, Zieh- und Kaltwalzwerke und Stahlverformung, Feinkeramik, Holzschliff-, Zellstoff- und Papiererzeugung, Holzbearbeitung und Sägeindustrie, Ledererzeugung und Bergbau gerechnet werden, dann ergibt sich ein Anteil von 9 % der oberbayerischen Industrie an diesem Bereich gegenüber einem bayerischen Durchschnitt von 15,3 % (jeweils bezogen auf Arbeitsplätze).

Es ist selbstverständlich, daß diese Gruppeneinteilung sehr grob und generalisierend ist und sich je nach Konjunkturlage und Weltmarkt- und Außenhandelsituation erheblich verändern kann. Trotzdem läßt diese generelle Wertung erkennen, daß Oberbayern mit einem modernen Industriebesatz und einer modernen Industriestruktur in die 70iger Jahre eintritt.

Im Regierungsbezirk war, mit Ausnahme der Standorte der bisherigen Pechkohlegewinnung (Waakirchen, Penzberg, Hausham, Peiting und Peißenberg), auch die erste industrielle Umstrukturierung, wie wir sie an der Ruhr und an der Saar erlebten und noch erleben, nicht notwendig. Der Bezirk konnte durch den Aufbau des Raffineriezentrums im Raume Ingolstadt erstmalig eine Grundstoffbasis gewinnen, die für die nächste und mittlere Zukunft ihre Bedeutung behalten wird.

3. Regionale Entwicklung

Die regionale Verteilung der Industrie in Oberbayern läßt deutlich vier industrielle Verdichtungsräume erkennen. Es sind dies die Regionen München mit der Landeshauptstadt, dem größten Industriestandort der Bundesrepublik als Zentrum, die Region Inn-Salzach-Alz im Südosten des Regierungsbezirks, die Region Ingolstadt mit der gleichnamigen Stadt als Zentrum und schließlich die Industrieregion Rosenheim/Mangfalltal. Die übrigen Räume, sowohl die landwirtschaftlich-gewerblich strukturierten Zonen als auch die Fremdenverkehrszone entlang des Alpen- und Voralpengebietes, weisen sowohl industrielle Zentren als auch industrielle Entwicklungsachsen auf. Als Beispiel kann die Achse Weilheim-Peißenberg-Peiting-Schongau-Altenstadt genannt werden.

Von den 386 500 industriellen Arbeitsplätzen Oberbayerns (30. 6. 1970) entfallen 297 500 oder 77 % auf die vier Industriezonen. Von der Zunahme der industriellen Arbeitsplätze in Oberbayern — 196 700 seit 1951 — entfallen 171 400 oder 87 % auf die vier industriellen Verdichtungsräume.

An der Spitze steht dabei die Region München. Im engeren Bereich der Region (Stadt- und Landkreis München) sind derzeit 216 700 industrielle Arbeitsplätze vorhanden, was wiederum 56 % der industriellen Arbeitsplätze des Regierungsbezirks ausmacht. Seit 1951 hat die Zahl der industriellen Arbeitsplätze hier um 127 300 oder 142,3 % zugenommen (64,7 % des Zuwachses von Oberbayern).

Die Arbeitsstätten sind in München konzentriert und weisen eine breite branchenmäßige Streuung auf. Die Wachstumsindustrie (Elektrotechnik, Fahrzeugbau, Maschinenbau, Kautschuk und Kunststoff, Druck, Flugzeugbau) überwiegt. Daneben kommt den Gruppen Nahrungs- und Genußmittel und Bekleidung eine erhebliche Bedeutung zu. München verfügt ferner über die stärkste Konzentration der Bauindustrie in Oberbayern und Bayern. Neben einer branchenmäßigen breiten Streuung mit Überwiegung von Wachstumsbereichen verfügt München auch über eine breite größenmäßige Auffächerung seiner Industriepalette. Ein weiteres dynamisches Wachstum ist wegen der Größe der Agglomeration und wegen der branchenmäßigen Zusammensetzung und damit der Struktur der Industrie zu erwarten.

An zweiter Stelle liegt die Industrieregion Inn-Salzach-Alz, zu welcher neben den Landkreisen Altötting und Mühldorf auch der Nordteil des Landkreises Traunstein gerechnet wird.

1970 zählt die Industrieregion innerhalb dieser Abgrenzung etwa 33 200 industrielle Arbeitsplätze oder 8,6 % aller industriellen Arbeitsplätze Oberbayerns. Die Zunahme seit 1951 beträgt rund 17 600 oder 112,5 %. In der Region überwiegt eindeutig die Industriegruppe Chemie — vertreten durch drei großchemische Werke — vor der NE-Metallerzeugung (Vereinigte Aluminiumwerke in Töging), der Mineralölwirtschaft, der Elektrotechnik (Traunreut) und den Gruppen Kunststoff sowie Steine und Erden. In Traunreut und Waldkraiburg, den neuen Städten Oberbayerns, sind weitere Industriegruppen in Mittel- und Kleinbetrieben vertreten. Augenfällig ist das Überwiegen von Arbeitsplätzen für männliche Beschäftigte. Bei einem Anteil von 8,6 % der industriellen Arbeitsstätten in Oberbayern entfällt auf die Industrieregion Inn-Salzach-Alz 8,97 % des Zuwachses an Arbeitsplätzen in Oberbayern seit 1951.

Als nächste Industrieregion ist die Region Ingolstadt zu nennen, wobei bei dieser Betrachtung nur die Stadt und der diese umgebende Landkreis angesprochen ist. Auf Ingolstadt entfallen 1970 29 800 industrielle Arbeitsplätze, was wiederum 7,7 % aller industriellen Arbeitsplätze Oberbayerns entspricht. Die Zahl der Arbeitsplätze hat seit 1951 um 19 590 oder 151,8 % zugenommen.

Die Struktur dieser Region wird bestimmt vom Fahrzeugbau (Autounion), dem Maschinenbau (Schubert & Salzer in Ingolstadt), der Elektrotechnik (AEG-Telefunken), dem Luftfahrzeugbau (Messerschmidt-Bölkow-Blohm in Manching), den Gruppen Bekleidung, Nahrungs- und Genußmittel und Mineralölverarbeitung. Dabei liegt deutlich das Übergewicht im Fahrzeugbau (einschließlich Luftfahrzeugbau), im Maschinenbau und in der Metallverarbeitung. Die Industrie der Region ist damit ebenso wie die der Region Inn-Salzach-Alz einseitig strukturiert. Der Anteil Ingolstadts an der Zuwachsrate der industriellen Arbeitsplätze des Regierungsbezirks seit 1951 beträgt 9,95 %.

Zur Industrieregion Rosenheim/Mangfalltal rechnen Stadt- und Landkreis Rosenheim sowie der Landkreis Bad Aibling. Die Region umfaßt heute 17 900 industrielle Arbeitsplätze, was 4,6 % der industriellen Arbeitsplätze Oberbayerns entspricht. Die Zunahme seit 1951 beträgt 6 900 Arbeitsplätze oder 62,3 %. Ein Vergleich mit den vorgenannten Regionen ergibt, daß der Bereich Rosenheim/Mangfalltal das geringste Wachstum aller oberbayerischen Industrieregionen seit 1951 aufweist. Als Grund ist die Branchenzusammensetzung zu sehen. Innerhalb der Industrieregion überwiegen die Gruppen Holzverarbeitung, Textil, Bekleidung, Papiererzeugung, Nahrungs- und Genußmittel, Lederverarbeitung und in geringerem Umfange Elektrotechnik. Die Aufstellung der Industriegruppen der Region läßt erkennen, daß das Industriebild weitgehend von stagnierenden Industriebereichen bestimmt wird. Wachstumsindustrie ist kaum oder nur in bescheidenem Umfange vertreten. Bei einem Anteil von 4,6 % der industriellen Arbeitsplätze Oberbayerns entfällt auf die Region Rosenheim/Mangfalltal nur 3,5 % des Zuwachses der industriellen Arbeitsplätze des Regierungsbezirks.

Zur Entwicklungsachse Weilheim-Peißenberg-Peiting-Schongau-Altenstadt sind statistisch die Werte der Landkreise Weilheim und Schongau zu rechnen. 1970 waren in beiden Landkreisen 11 900 industrielle Arbeitsplätze vorhanden. Die Zunahme seit 1951 betrug rund 2 800 oder 29,8 %. Das relativ geringe Wachstum ist bedingt durch die Pechkohlenindustrie, die in den Standorten Penzberg, Peißenberg und Peiting vorhanden war und bis zum Zeitpunkt der Umstrukturierung einen erheblichen Beschäftigungsrückgang aufwies. Der Landkreis Weilheim mit den bedeutenderen Pechkohlenwerken ist deswegen seit längerer Zeit in seiner Beschäftigungszahl rückläufig, inzwischen vollständig zum Erliegen gekommen, während der Landkreis Schongau seit 1951 eine Zunahme der Beschäftigtenzahl um 3700 oder 269 % aufweist.

In den Industriestandorten der Fremdenverkehrszone überwiegen die Gruppen Holzbe- und verarbeitung, Papiererzeugung, Metallverarbeitung, Maschinenbau, Elektrotechnik und Textil. Als größere Industriestandorte können hervorgehoben werden: Penzberg mit einer neuen Industriestruktur nach Schließung des Kohlenbergwerkes, wobei hier Wachstumsbranchen überwiegen; Bad Tölz mit dem Übergewicht an Holzverarbeitung; Miesbach mit einer breiteren Branchenstreuung; Hausham als ehemalige Bergwerksgemeinde mit einer neuen Industriestruktur; Grassau als Sitz eines elektrotechnischen Großbetriebes und Freilassing mit einem Übergewicht von Betrieben der Gruppen Textil, Bekleidung und Maschinenbau. Neben diesen genannten Standorten, die in etwa in einer Ost-West-Achse am Alpenrand gelegen sind, sind in den Alpentälern weitere kleinere und mittlere Standorte wie Murnau, Oberau, Kochel, Kiefersfelden, Siegsdorf und Bad Reichenhall zu nennen.

Im ländlich-gewerblichen Bereich Oberbayerns sind Industriebetriebe im wesentlichen auf die Kreisstädte und die zentralen Gemeinden konzentriert. Als Standorte zu nennen sind dabei: Landsberg/Kaufering, Aichach, Schrobenhausen, Pfaffenhofen a. d. Ilm, Wolnzach, Geisenfeld, Vohburg, Erding, Taufkirchen a. d. Vils, Wasserburg, Haar, Laufen und Tittmoning.

Die Industriedichte der noch stärker ländlich strukturierten Kreise ist verhältnismäßig gering. Die geringsten Dichten weisen die Landkreise Landsberg a. Lech und Fürstenfeldbruck mit 30 bzw. 28 auf. Sie liegen dabei noch unter der Industriedichte der meisten Fremdenverkehrslandkreise. Über eine Dichte zwischen 50 und 60 verfügen die Landkreise Pfaffenhofen a. d. Ilm und Ebersberg (vgl. Abb. 1).

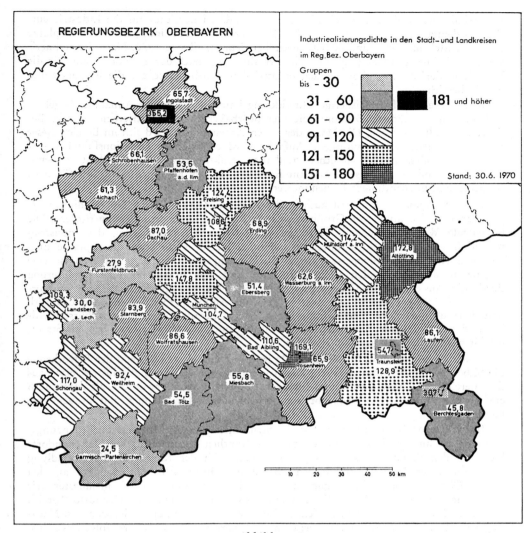

Abbildung 1

Die Zielvorstellung für die industrielle Entwicklung des Regierungsbezirks geht davon aus, daß Oberbayern bis 1990 insgesamt ein weiteres kräftiges Bevölkerungswachstum erfahren wird, das nicht nur durch den im Raum zu haltenden Geburtenüberschuß, sondern weiterhin von einer kräftigen Zuwanderung getragen sein wird. Die Bevölkerungsprojektion für den Regierungsbezirk bis 1990 liegt bei rund 3,9 Mio. Einwohnern. Bei einer gleichbleibenden oder sogar leicht steigenden Erwerbsquote (rund 48 %) ist dann in Oberbayern mit rund 1,88 Mio. Erwerbspersonen zu rechnen. Bei der Annahme, daß der Anteil des sekundären Bereiches an der Gesamtzahl der Erwerbspersonen etwa gleichbleibt und wie heute etwa 41 % beträgt, ergibt dies bis 1990 etwa 770 000 Arbeitsplätze in diesem Bereich. Wenn weiter von der Annahme ausgegangen wird, daß etwa 60 % der Arbeitsplätze des sekundären Bereiches auf die Industrie entfällt, bedeutet dies für Oberbayern bis 1990 rund 450 000 industrielle Arbeitsplätze oder eine Mehrung von rund 60 000 gegenüber dem Stand von 1970. Nach der rechnerischen Ermittlung der Gesamtgröße stellt sich die Frage nach der Zielvorstellung für die Verteilung der neu hinzukommenden industriellen Arbeitsplätze auf die Regionen und die Teilbereiche.

Rückblickend auf die bisherige Entwicklung kann man von der Annahme ausgehen, daß auch in der nächsten Zukunft die vier oberbayerischen Industrieregionen ihre Bedeutung behalten werden. Die Masse der neuen Arbeitsplätze wird sich im Bereich dieser Regionen ansiedeln. Die wichtigste Aufgabe wird es sein, die Funktionsfähigkeit der Regionen im Gesamtraum zu sichern und ihre Struktur, soweit es veranlaßt erscheint, auszubauen und zu verbessern. Die Industriestruktur der Regionen wird sich für neue Branchen und Entwicklungen öffnen müssen.

Für die Region München ist auch in der nächsten Zukunft keine Notwendigkeit erkennbar, die Ansiedlung von Großbetrieben zu forcieren oder besonders zu fördern. Die bestehende Wachstumsdynamik wird zu einer weiteren Vergrößerung des Industriepotentials von innen heraus führen. Als Beispiel hierfür kann etwa die geplante Entwicklung eines neuen Siemenswerkes in Perlach angesehen werden. Dagegen ist eine Ergänzung der bestehenden Industriestruktur und eine branchenmäßige Erweiterung durch die Ansiedlung weiterer Mittel- oder Kleinbetriebe durchaus möglich und erwünscht. Wünschenswert wäre dabei ein gewisser Ausgleich zwischen dem Stadtbereich und den anschließenden Verflechtungszonen, wobei gerade der Landkreis Fürstenfeldbruck, dessen Gemeinden überwiegend Wohnfunktionen für München ausüben, als Standort für weitere Betriebe geeignet erscheint.

In der Industrieregion Inn-Salzach-Alz ist mit dem weiteren Ausbau der Petrochemie die Sicherung der Struktur gegeben. Die Ansiedlung von Ergänzungsindustrie, etwa aus dem Bereich der Chemotechnik und Elektronik, wäre insoweit erwünscht, als damit auch ein gewisser Ausgleich im Angebot von Arbeitsplätzen für Männer und Frauen verbunden wäre.

In der Region Ingolstadt wäre von der Struktur her die Ansiedlung von Ergänzungsindustrie aus anderen bisher nicht vertretenen Branchen anzustreben. Von der Standortlage und den Standortvoraussetzungen her bietet sich der Raum für die Ansiedlung energieintensiver Bereiche an. Neben Grundstoffindustrien ist insbesondere an den Bereich Chemie, Kunststofferzeugung und -verarbeitung zu denken. Die in jüngster Zeit getroffene Entscheidung für die Errichtung eines Chemiekombinats im Grundstoffbereich im Raume Münchsmünster läßt hoffen, daß dem ersten Schritt zur Ansiedlung von Nachfolgebetrieben im Bereich des bayerischen Raffineriezentrums weitere folgen werden. Wenn nach dem Run der letzten Jahre zu den Küstenstandorten in Holland und Belgien wieder ein Besinnen der chemischen Industrie auf die Binnenstandorte folgen wird, dürfte auch der Raum Ingolstadt dank seiner Lage im geographischen Mittelpunkt Bayerns und seiner Lage an einem starken Vorfluter und an einer künftigen Wasserstraße (Vollendung des Europakanals Rhein—Main—Donau) ebenfalls besonders interessant werden.

Für die Region Rosenheim mit der geringsten Wachstumsrate aller vier oberbayerischen Industrieregionen stellt sich in Zukunft die Frage einer intensiven Strukturergänzung oder sogar einer Umstrukturierung. Dabei wäre die Ansiedlung von Industriebetrieben aus Wachstumsbranchen unter Abstimmung mit den Erfordernissen der Fremdenverkehrswirtschaft erwünscht.

Innerhalb der Fremdenverkehrszone des Alpen- und Voralpengebietes, deren Funktion auch in Zukunft nicht nur für ganz Bayern, sondern für die Bundesrepublik erhalten bleiben soll, wird aus der Sicht der Regionalplanung und der regionalen Wirtschaftspolitik keine intensive Industrialisierung befürwortet. Verfehlt erschiene insbesondere die Ansiedlung von Großbetrieben mit überwiegend Frauenbeschäftigung. Dagegen können mittlere oder kleinere Industriebetriebe in Anpassung an den Arbeitsmarkt und an den örtlichen und regionalen Bedarf durchaus in geeigneten Standorten entwickelt werden. Als Standorte bieten sich die Unter- und Kleinzentren an, wobei der Standortwahl bezüglich der Fragen des Umweltschutzes größte Bedeutung beizumessen ist.

In den Bereichen mit landwirtschaftlich-gewerblicher Mischstruktur, insbesondere in den schwach strukturierten Räumen, d. h. den Bundesausbaugebieten, Bundesausbauorten und zurückgebliebenen Gebieten, wird die Ansiedlung neuer Betriebe und damit die Schaffung zusätzlicher, gewerblich-industrieller Arbeitsplätze auch in Zukunft forciert zu betreiben sein. Nur durch ein entsprechend großes und branchenmäßig aufgefächertes Angebot an gewerblichen Arbeitsplätzen wird es möglich sein, im Zuge der Umstrukturierung der Landwirtschaft die aus der landwirtschaftlichen Produktion Ausscheidenden im Raume halten zu können.

Als besondere Problemgebiete sind die Landkreise Landsberg und Wasserburg und in gewissem Umfang der Bereich der Landkreise Laufen, Erding und Pfaffenhofen a. d. Ilm anzusehen. Trotz unbestreitbarer Erfolge in der Industrieansiedlung, etwa im Bereich Landsberg/Kaufering, Wasserburg und im Nordteil Pfaffenhofens, müssen entsprechende Bemühungen gerade in diesen Räumen auch in Zukunft fortgesetzt werden.

III. Energiewirtschaftliche Situation

1. Kohle

Oberbayern hat die weitesten Entfernungen zu den Kohlengruben an Rhein und Ruhr, an der Saar und in Mitteldeutschland. Die Revierferne bedingt besonders hohe Transportkosten für die Kohle und führt zu Energiepreisen, die wesentlich über denen der klassischen Industriereviere Deutschlands liegen. Die Standortsituation dieses Regierungsbezirks war daher hinsichtlich des Steinkohlebezugs seit jeher am ungünstigsten.

Die eigene Kohlebasis, nämlich die Pechkohle im Molassetrog des Voralpengebietes, war bescheiden. Trotzdem lieferte sie seit dem 16. Jahrhundert die wichtigste Primärenergie des Bereiches. Ihr Abbau erfolgte in einer Reihe von kleineren und größeren Gruben. Wegen ihres relativ geringen Heizwertes und des hohen Bergegehaltes kam die oberbayerische Pechkohle in erster Linie für den Hausbrand und in gewissem Umfange für industrielle Zwecke in Frage, soweit in den Betrieben Spezialfeuerungsanlagen für diese Kohlensorte eingebaut waren. Im wesentlichen bot sich die Kohle für die Verstromung an. Die maximale Förderleistung der oberbayerischen Gruben, betrieben besonders von der Oberbayerischen AG für Kohlebergbau und der Bayer. Berg-, Hütten- und Salzwerke AG, lag bei 1 780 000 t (verwertbare Menge) im Jahre 1959. Die Erschöpfung der wirtschaftlich nutzbaren Vorkommen führte 1962 zur Schließung der Grube in Waakirchen. Die beginnende westdeutsche Kohlenkrise, verbunden mit den durch die geologische Situation bedingten Abbauschwierigkeiten, führte 1966 zur Schließung der Gruben Penzberg und Hausham; 1969 folgte die Stillegung der Grube

Peiting. Das letzte oberbayerische Bergwerk in Peißenberg wurde im Laufe des Jahres 1971 stillgelegt.

Die oberbayerische Pechkohle war besonders für die Hausbrandversorgung des eigenen Reviers sowie des Raumes München von Bedeutung. Dabei darf nicht vergessen werden, daß besonders in den schweren Jahren nach Kriegsende die oberbayerischen Gruben die wichtigsten Wärme- und Energielieferanten für die Landeshauptstadt darstellten. Für die Versorgung der Industrie sowie des kommunalen Bereiches hatten die oberbayerischen Gruben schon immer ein regional begrenztes Absatzgebiet. Kleine Kraftwerkseinheiten, abgestellt auf Fördermenge und Kohlegüte, wurden sowohl in Hausham als auch in Peißenberg während der 50er Jahre erstellt, nachdem bereits in der Kriegszeit die damalige Reichsbahn ein Kraftwerk in Penzberg errichtet hatte.

Analog der gesamtbayerischen Entwicklung nahm auch in Oberbayern der Anteil der Kohle am Primärenergieaufkommen im letzten Jahrzehnt erheblich ab. Betrug ihr Anteil in Bayern in den 50er Jahren noch rund 63 %, so sank er durch den Verdrängungsprozeß der Mineralölprodukte gegen 1960 auf 50 %, 1965 auf 33 % und bis 1970 auf rund 22 %.

Die Vergleichszahlen des industriellen Kohleverbrauchs in Bayern und Oberbayern seit 1958 lassen dabei erkennen, daß Oberbayern seinen relativen Anteil an der bayerischen Verbrauchsziffer nicht nur gehalten, sondern sogar noch gesteigert hat, während die absoluten Verbrauchsziffern auf rund die Hälfte des Standes von 1950 zurückgegangen sind.

Kohleverbrauch der Industrie in t SKE

	Bayern	Oberbayern absolut	i. v. H. des bayer. Verbrauchs
1958	4 924 338	1 317 305	26,75
1960	4 860 209	1 303 342	26,81
1963	4 053 903	1 268 801	31,29
1965	3 376 912	1 075 727	36,85
1967	2 487 345	850 423	34,18
1968	2 280 228	792 442	34,75
1969	1 913 516	686 158	35,85
Entwicklung			
1958—1969	— 3 010 822	— 631 147	
i. v. H.	— 61,14	— 47,91	

Die Steigerung des Anteils der oberbayerischen Industrie am bayerischen industriellen Kohleverbrauch von rund 27 % im Jahre 1958 auf rund 36 % 1969 sowie der geringere Rückgang der oberbayerischen Verbrauchsziffern zwischen 1958 und 1969 im Vergleich zu dem bayerischen Wert (Oberbayern — 47,9 %, Bayern — 61,1 %) zeigt, daß nicht die Umstellung auf neue Energieträger in Oberbayern schwieriger war oder bisher nicht in der dem übrigen Bayern adäquaten Umfange vollzogen wurde, sondern daß ein Teil der oberbayerischen Industrie, insbesondere Teile der Großchemie, nach wie vor auf die Kohle nicht nur als Energieträger, sondern auch als Rohstoff ausgerichtet sind.

Die Schwerpunkte des Kohleverbrauchs in der oberbayerischen Industrie lagen 1969 sektoral bei der chemischen Industrie mit rund 35 % des Verbrauchs, die Holzschliff-,

Zellstoff-, papier- und pappeerzeugende Industrie mit rund 17 %, gefolgt im weiten Abstand von der Stärke- und kartoffelverarbeitenden Industrie, den Brauereien, der Textilindustrie und dem Maschinenbau.

Regional liegt der Schwerpunkt entsprechend der Standortverteilung eindeutig im Landkreis Altötting, dem Hauptsitz der Großchemie, mit rund 35 % des oberbayerischen industriellen Kohleverbrauchs.

An zweiter Stelle folgt Weilheim mit rund 30 % des Verbrauchs; der atypisch hoch erscheinende Anteil war bedingt durch die bis zur Kohlenkrise staatlicherseits geförderte Umstellung industrieller Feuerungsanlagen auf den Verbrauch der oberbayerischen Pechkohle in „Reviernähe". Mit weitem Abstand folgen sodann die Landkreise Dachau mit rund 3 % des Verbrauchs, Bad Aibling und Rosenheim. Dabei spiegeln die Verbrauchsziffern die Bedeutung der papier- und zellstofferzeugenden Industrie im Gesamtindustriepotential dieser Landkreise wider. Mehr als 5000 t SKE verbrauchten ferner die Industriebetriebe der Landkreise Wasserburg, Ebersberg und Traunstein.

2. Erdöl

Wie früher im Bereich der Kohle (Pechkohle) verfügt der Regierungsbezirk Oberbayern auch im Bereich des Mineralöls über eigene, wenn auch bescheidene, Lagerstätten. Nach intensiver, vom Staat teilweise mitgetragener Lagerstättenforschung im oberbayerischen Molassebecken seit Beginn der 50iger Jahre wurde im Juli 1954 in der Nähe von Ampfing bei Mühldorf die erste Pionierbohrung ölfündig. Es war damit der Beweis erbracht, daß das oberbayerische Voralpengebiet über Erdöl- und Erdgaslager verfügt. Im Zuge der Explorationstätigkeit im bayerischen Voralpengebiet wurden bisher etwa 420 Bohrungen niedergebracht, von welchen 81 öl- und 82 gasfündig wurden. Das Bohrergebnis erbrachte die Erschließung von derzeitig 10 Erdöl- und 17 Erdgasfeldern im Raume zwischen München und der Salzach, besonders bei Ampfing, Mühldorf, Isen, Aßling und Höhenrain, sowie im Regierungsbezirk Schwaben, im Raum um Arletsried. Seit Beginn der Fördertätigkeit im Jahre 1954 wurde aus den Lagerstätten die in der Masse zum Regierungsbezirk Oberbayern zählen, rund 2,35 Mio. t Erdöl gewonnen. Die Jahresförderung 1969 lag bei 282 000 t, was etwa 1,6 % des Jahresdurchsatzes der bayerischen Raffinerien entspricht.

Für die Energiewirtschaft des Regierungsbezirks hat daher das eigene Erdölvorkommen, welches mengenmäßig keinesfalls eine moderne Raffinerie tragen könnte, nur geringe Bedeutung. Weitaus wichtiger ist vielmehr der Bezug von Rohöl aus fremden Lagerstätten und die Verarbeitung im bayerischen Raffineriezentrum im Raume Ingolstadt-Vohburg-Neustadt a. d. Donau. Dank der Initiative der Bayerischen Staatsregierung konnten dort seit 1963 5 Raffinerien mit einer Durchsatzkapazität von rund 20 Mio. t Rohöl je Jahr errichtet werden. Sie werden von der Deutschen Shell AG, der ESSO AG, Erdölraffinerie Ingolstadt AG, der Erdölraffinerie Neustadt GmbH und der BP AG betrieben. Voraussetzung für den Aufbau und die Ausweitung der Raffineriekapazität in Bayern war die Erstellung von Rohölleitungen von den Mittelmeerhäfen über die Alpen in den Raum Ingolstadt. Derzeitig ist dieser Raum über je eine Pipeline mit Triest, Genau und Marseille verbunden, wobei der Rohöltransport über die Transalpine Ölleitung (TAL) von Triest und die Zentraleuropäische Pipeline (ZEL) von Genua erfolgt. Die Rhein-Donau-Ölleitung Karlsruhe-Ingolstadt, die in Karlsruhe Anschluß an die Südeuropäische Pipeline (SEPL) Lavéra (Marseille) — Karlsruhe hat und in der ersten Aufbauphase der Versorgung des Raumes Ingolstadt diente, wird heute in umgekehrter Richtung gefahren. Die beiden für die Versorgung des Ingolstädter Raffineriezentrums verwendeten Pipelines verfügen über eine Anfangskapazität von 33 Mio. jato, die nach der Planung auf eine Endkapazität von 64 Mio. jato erweitert werden kann.

An die TAL-Leitung ist über eine eigene Rohölleitung von rund 62 km Länge die Raffinerie der Marathon-Chemische-Werke Bayern GmbH in Burghausen angeschlossen, die wiederum primär der Rohstoffversorgung der oberbayerischen Chemiebetriebe im Raume Burghausen-Gendorf-Trostberg dient. Über eine eigene Produktenpipeline ist diese Raffinerie mit dem Raume München verbunden.

Seit der Installierung des Pipelinesystems und der Inbetriebnahme der Raffinerien (Shell und ESSO 1965, Erdölraffinerie Ingolstadt 1967, Erdölraffinerie Neustadt 1965, BP und Marathon 1968) ist nicht nur entsprechend der Zunahme der Motorisierung der Treibstoffverbrauch, sondern vor allem auch der Heizölverbrauch in Bayern sprunghaft angestiegen (vgl. Abb. 2)

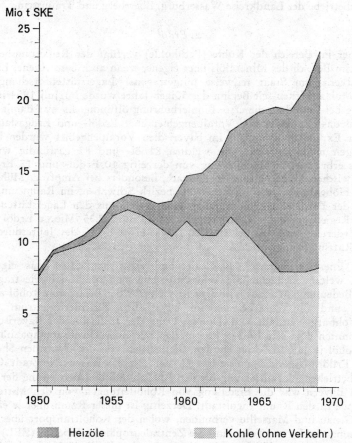

Abb. 2: Versorgung Bayerns mit Kohle und Heizöl (in Millionen t SKE)
Quelle: Energie für Bayern, Bayerisches Staatsministerium f. Wirtschaft u. Verkehr (Hrsg.), WV-Hefte 70/2.

Daneben aber, und das war das Ziel der bayerischen Mineralölpolitik, konnte die Preisdifferenz bei leichtem und schwerem Heizöl zwischen den nord- und westdeutschen Industriebezirken, d. h. im Einzugsbereich der Raffinerien an der Küste und am Rhein, und den bayerischen Bezirken im wesentlichen beseitigt und damit die Standortlage des bayerischen Raumes der der konkurrierenden westdeutschen Industriebezirke angepaßt werden (vgl. Abb. 3).

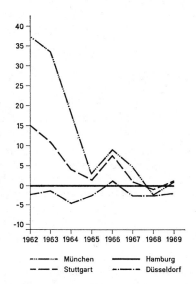

Abb. 3: Preisdifferenz bei schwerem Heizöl (Verbraucherpreise frei Betrieb bei Abnahme von mindestens 15 t — Jahresdurchschnittspreis —)

Quelle: Vgl. Abb. 2.

Gegensätzlich zu der Entwicklung des Kohleverbrauchs in der oberbayerischen Industrie verlief der Verbrauch von Erdölprodukten (schweres und leichtes Heizöl). Während der Kohleverbrauch in den letzten 12 Jahren auf rund 50 % der Verbrauchsmenge von 1958 absank, hat der Verbrauch von schwerem und leichtem Heizöl um rund 1130 % zugenommen. Wurde 1958 insgesamt 116 870 t Heizöl im industriellen Bereich verbraucht, so waren es 1969 1 322 021 t. Dabei lag eindeutig das Übergewicht beim schweren Heizöl. Den Verbrauch von 1 101 400 t schwerem Heizöl stand ein solcher von 220 617 t von leichtem Heizöl gegenüber.

In den letzten 6 Jahren seit 1963 betrug die Zunahme des Verbrauchs der oberbayerischen Industrie an schwerem Heizöl rund 267 % gegenüber einer Verbrauchssteigerung in Bayern von rund 146 %. In der gleichen Zeit erhöhte sich der Anteil der Industrie Oberbayerns am Heizölverbrauch der bayerischen Industrie von 22,65 % auf 33,79 %, d. h. der Schwerpunkt des industriellen Verbrauchs an schwerem Heizöl in Bayern liegt derzeitig eindeutig im Regierungsbezirk Oberbayern.

Industrieller Heizölverbrauch in t im Jahre 1969

	leichtes Heizöl	schweres Heizöl
Oberbayern	220 617	1 101 404
Niederbayern	135 028	357 560
Oberpfalz	127 375	448 327
Mittelfranken	149 022	175 788
Unterfranken	88 405	515 105
Schwaben	154 741	464 417
B a y e r n	1 008 963	3 259 130

Sektoral stand 1969 an der Spitze des Heizölverbrauchs der oberbayerischen Industrie, nach der Mineralölindustrie selbst, die Industriegruppe Brauereien gefolgt von den Industriegruppen Chemie; Holzschliff, Zellstoff, Papier- und Papperzeugung; Maschinenbau; Textil; Sperrholz; Holzfaserplatten und Holzspanplatten; Gummi und Asbest; Druck und Vervielfältigung und Dauermilch- und Käsewerke.

Im Verbrauch von schwerem Heizöl liegt nach der Mineralölindustrie die Industriegruppe Holzschliff, Zellstoff, Papier und Pappe mit rund 20 % des Verbrauchs der gesamten Industrie eindeutig an der Spitze. Es folgen ihr die Brauindustrie, die Chemie, die Ziegelindustrie, der Straßenfahrzeugbau und die Textilindustrie.

Regional liegt in Oberbayern der Schwerpunkt des industiellen Verbrauchs an schwerem Heizöl ebenso wie bei der Industriekohle im Landkreis Altötting. Der Verbrauch betrug rund 245 000 t oder 22 % des Gesamtverbrauchs der oberbayerischen Industrie.

Es folgen die Landkreise Ingolstadt und Rosenheim, erst an 4. Stelle liegt die Landeshauptstadt München mit 79 000 t, gefolgt von den Landkreisen Schongau, Dachau und der Stadt Ingolstadt.

Einen Jahresverbrauch zwischen 20 000 und 30 000 t haben schließlich die Landkreise Miesbach, Laufen und Bad Aibling.

3. Erdgas

Das Erdgas konnte in der Energiebilanz des Regierungsbezirks in den letzten Jahren steigende Bedeutung gewinnen.

Seit Erschließung der ersten Erdgasfelder im Raume Ampfing und dem Nachweis größerer Vorkommen im weiteren Voralpengebiet wurde auf dieser eigenen Energiebasis ein umfangreiches Verteilernetz aufgebaut. In Oberbayern verbindet dieses Netz von Erdgasleitungen die Räume München, Mühldorf, Altötting, Burghausen und Waldkraiburg mit den Erdgasfeldern im Gebiet von Ampfing, Isen und Bierwang. Hinzu kommen Erdgasleitungen nach Landshut, Augsburg und Wolfratshausen-Geretsried.

Das in jüngster Zeit entstandene Erdgasleitungsnetz wird ergänzt durch Leitungen für Kohle- und Spaltgas von München nach Starnberg und Weilheim, sowie nach Rosenheim und Kolbermoor und nach Miesbach und Hausham. Hinzu kommt die Raffineriegasleitung Neustadt-Freising-München als weitere überregionale Gasleitung in Oberbayern (vgl. dazu die Kartenbeilage am Schluß dieses Bandes).

Vor allem hat das Erdgas aus den voralpinen Lagerstätten dazu geführt, daß das Gasverbund- und -verteilernetz in Südbayern beschleunigt ausgebaut werden konnte und die bayerische Gaswirtschaft mit einer Absatzsteigerung von 20—30 % in den letzten Jahren eine außergewöhnliche Entwicklung erfahren hat.

Da die eigenen Erdgaslager im Voralpenbereich nach dem jetzigen Stand der Exploration in absehbarer Zeit erschöpft sein werden, ergibt sich die Notwendigkeit für den Gasbezug aus außerbayerischen Räumen. Für Oberbayern kommt dabei neben dem Bezug von Gas aus Nordwestdeutschland und Holland via Baden-Württemberg vor allem der Bezug von sowjetischem Erdgas in Frage.

Auch hinsichtlich des Gesamtgasverbrauchs liegt in Bayern derzeit der Schwerpunkt im altbayerisch-schwäbischen Raum. Auf die Regierungsbezirke Oberbayern, Schwaben und Oberpfalz entfielen 1969 etwa 74,8 % des Gasverbrauchs in Bayern.

Dank der Situierung der Erdgasfelder und des Standes des Ausbaus des Verteilernetzes liegt die oberbayerische Industrie an der Spitze des industiellen Erdgasverbrauchs. Bei einem Verbrauch von 380 193 000 cbm im Jahre 1969 entfielen rund 96 % des industriellen Erdgasverbrauchs in Bayern auf Oberbayern. Die Steigerungsrate zwischen 1965 und 1969 beträgt für die Verbrauchsziffer Oberbayerns 153,19 % (Bayern 153,16 %).

Sektoral liegt in Oberbayern der Schwerpunkt des Erdgasverbrauchs eindeutig bei der chemischen Industrie, die mit einem Verbrauch von rund 256 Millionen cbm im Jahre 1969 etwa 67 % des Gesamtverbrauchs der Industrie umfaßt.

An zweiter Stelle liegt der Straßenfahrzeugbau mit einem Jahresverbrauch von 44,9 Mio. cbm, gefolgt vom Maschinenbau mit 26,4 Mio., den Dauermilch-, Schmelzkäse- und Käsewerken mit einem Jahresverbrauch von 11,2 Mio. und der Ziegelindustrie mit 10,5 Mio. Mehr als 4 Mio. cbm Jahresverbrauch hatten ferner die elektrotechnische Industrie, die Brauereien und der Luftfahrzeugbau.

Regional lag der Schwerpunkt des industriellen Erdgasverbrauchs ebenfalls im Landkreis Altötting und damit im Bereich der Großchemie in Oberbayern. Mit einem Jahresverbrauch von 198 Mio. cbm entfielen auf diesen Landkreis rd. 52 % des oberbayerischen industriellen Verbrauchs.

Es folgten mit 88 Mio. cbm die Landeshauptstadt München, mit 27 Mio. cbm der Landkreis Mühldorf, mit 8 Mio. cbm der Landkreis München, mit 1,5 Mio. der Landkreis Ebersberg und mit 0,2 Mio. cbm der Landkreis Wolfratshausen.

4. Elektrizität

Bayern und speziell Oberbayern mit seinem zwar schmalen, aber in Ost-West-Richtung langgestreckten Anteil am Alpengebiet wurde und wird im Rahmen der Bundesrepublik auch noch heute als klassischer Bereich der „Weißen Kohle", der Energie aus Wasserkraft, angesehen. Relativ spät, nämlich im wesentlichen erst in der Zeit nach 1945, hat die oberbayerische Elektrizitätswirtschaft in größerem Rahmen mit dem Bau thermischer Kraftwerke begonnen. Die Wasserkraft der Flüsse war zu diesem Zeitpunkt, soweit sie mit wirtschaftlichen Mitteln erschließbar erschien, zum wesentlichen Teil genutzt. Der Zuwachs des Energieverbrauchs konnte nur durch Fremdbezug oder durch den Bau thermischer Kraftwerke befriedigt werden.

Wichtigste Abschnitte in der elektrischen Energieerzeugung im oberbayerischen Raum waren nach und neben der Errichtung von Kleinerzeugungsanlagen örtlicher Elektrizitätsgenossenschaften und privater kleinerer Versorgungsunternehmungen an Bächen und Flüssen, der Ausbau der Alz in der Zeit zwischen 1909 und 1918, der Teilausbau des Inns seit 1917 bis in die jüngste Zeit, der Teilausbau der Isar südlich Münchens vor 1914 und nach 1918 im Abschnitt zwischen München und Moosburg in Form einer Kraftwerkskette an einem Seitenkanal („Mittlere Isar" zwischen 1924 und 1930), der Teilausbau des Lechs vor dem Zweiten Weltkrieg bis heute, der Ausbau der „Mittleren Donau" in der Gegenwart und schließlich die Errichtung des Walchensee-Kraftwerkes (Inbetriebnahme 26. 1. 1924) als Speicherkraftwerk und der Zulaufkraftwerke (Obernach und Niedernach) nach dem Zweiten Weltkrieg (1951 und 1955) sowie als weiteres Speicherkraftwerk der Ausbau des Leitzachkraftwerkes durch die Stadtwerke München vor 1914.

Dabei diente der Ausbau der Flüsse nur zum Teil der öffentlichen Elektrizitätsversorgung. Ein großer Teil der energiewirtschaftlichen Initiativen kam unmittelbar von der Industrie. Als Beispiel kann der Ausbau der Alz angesehen werden, der im Bereich der Mittelstrecke im Auftrag und Interesse der Süddeutschen Kalkstickstoffwerke Trostberg und im Unterlauf durch die Alzwerke GmbG im Auftrag der Wackerwerke Burghausen erfolgte. Die Energiegewinnung an der Alz und später am Inn war die Voraussetzung für die Entwicklung der stromintensiven Großchemie in Südostoberbayern. Der Ausbau des Inns zwischen den beiden Weltkriegen (Töging 1924, Wasserburg, Teuflesbruck und Gars 1938) diente primär der Energiegewinnung für die Großchemie, deren Bedarf erheblich gestiegen war, und der neu angesiedelten Aluminiumhütte in Töging (VAW). Von den Unternehmungen der öffentlichen Elektrizitätsversorgung wurden in Oberbayern thermische Kraftwerke in größerem Umfange erst nach dem letzten Weltkrieg gebaut. Das erste größere Steinkohlenkraftwerk wurde von den Isar-Amperwerken 1952 in Höllriegelskreuth in Betrieb genommen. Im Raume München erstellten die Stadtwerke weitere Kraftwerke (München-Schwabing, München-Müllerstraße, München-Isartalstraße, München-Nord, München-Isartalstraße II). 1958 ging die erste Turbine des Leininger Werkes der Isar-Amperwerke AG bei Zolling an der Amper in Betrieb (heute 265 MW).

Thermische Kraftwerke auf Pechkohlenbasis entstanden in Peißenberg und Hausham, nachdem bereits im letzten Krieg in Penzberg die Deutsche Reichsbahn ein Kraftwerk errichtet hatte, sowie auf Steinkohlenbasis in Rosenheim. Auf Erdgasbasis errichteten die Stadtwerke München 1961 das Kraftwerk München-Sendling, welches der Versorgung der Industrie im Sendlinger-Oberfeld und dem Neubaugebiet München-Fürstenried dient. 1965 wurde der erste Block des Kraftwerkes Ingolstadt (Großmehring der Bayernwerk AG) auf der Basis von schwerem Heizöl und Raffineriegas in Betrieb genommen. Auf gleicher Rohstoffbasis folgte in Irsching ein Kraftwerk der Isar-Amperwerke AG, welches derzeit ebenso wie das Kraftwerk Großmehring um weitere Einheiten in der Leistung wesentlich vergrößert wird (Großmehring von 300 MW auf 700 MW, Irsching von 150 MW über 450 MW auf 770 MW).

Die Stromerzeugung und die Stromverteilung im Hoch-, Mittel- und Niederspannungsbereich verteilen sich in Oberbayern auf eine größere Zahl öffentlicher und privater EVU.

Im Bereich der Lauf- und Speicherkraftwerke liegt in Oberbayern die Innwerk AG mit 238,5 MW installierter Leistung (Engpaßleistung) an der Spitze aller EVU, vor der

Bayernwerk AG (144,9 MW in den Kraftwerken an der Isar einschließlich des Walchenseebereiches), den Stadtwerken München (106,0 MW an der Isar, einschließlich der beiden Uppenbornwerke und Leitzach), der Lechwerke AG (92,6 MW am oberbayerischen Lechabschnitt) und den Isar-Amperwerken (33,3 MW an Isar, Amper und Loisach).

Im Bereich der thermischen Kraftwerke liegt die Isar-Amperwerke AG mit ihren Kraftwerken Höllriegelskreuth, Leiningerwerk und Irsching hinsichtlich der installierten Leistung vor den Stadtwerken München und der Bayernwerk AG.

Für die Stromverteilung und damit für die Versorgung der gewerblichen und privaten Abnehmer bestehen in Oberbayern das überregionale 110 kV-Netz der Bayernwerk AG sowie die regionalen 110 kV-Netze (Isar-Amperwerke AG, Lech-Werke AG usw.). Die bestehende 220 kV-Schiene Österreich (St. Peter) — Ostbayern — Nürnberg — Aschaffenburg verläuft außerhalb des Regierungsbezirks und hat derzeit jeweils einen Anschluß zu den Stützpunkten Pirach und Großmehring. Im weiteren Ausbau eines übergeordneten 220/380 kV-Netzes der Landesversorgung sind vom Kraftwerkszentrum Ingolstadt ausgehend je eine Leitungsschiene nach Süden in Richtung München (Großmehring-Zolling-Finsing-Oberbachern, Landkreis Dachau) und nach Norden in Richtung Nürnberg im Bau. Die Fortsetzung der oberbayerischen Nord-Süd-Schiene in Richtung Rosenheim sowie in Richtung Unterbrunn, Landkreis Starnberg, ist in Planung. An eine Fortsetzung des Leitungszugs von Rosenheim nach Pirach (mit Anschluß an das bestehende 220 kV-Netz in Ostbayern) und von Oberbrunn nach Murnau sowie in West-Ost-Richtung von Murnau über Waakirchen nach Rosenheim ist in späterer Zeit gedacht.

Die regionale Stromversorgung erfolgt durch die Isar-Amperwerke AG, die Energieversorgung Ostbayern AG, die Lechwerke AG, die AG für Licht und Kraftversorgung, die Bayerischen Elektrizitätswerke AG, die Stadtwerke München, Stadtwerke Ingolstadt, Stadtwerke Rosenheim sowie eine Reihe weiterer kleinerer EVUs. Zwischen den genannten Werken und der Bayernwerk AG besteht ein Stromverbund. Eine engere Zusammenarbeit zwischen den EVUs, wie sie etwa in jüngster Zeit besonders zwischen der Bayernwerk AG und der Isar-Amperwerke AG betrieben wird, läßt eine optimale Ausnutzung der Verteilungsleitungen erwarten.

Zur Beantwortung der Frage nach weiteren optimalen Standorten für neue thermische Großkraftwerke in Oberbayern liefert der Stromverbrauch der oberbayerischen Industrie wichtige Anhaltspunkte. Von dem Gesamtverbrauch der bayerischen Industrie (rund 15 171,7 Mio. kWh im Jahre 1969) entfällt auf den Regierungsbezirk Oberbayern etwa die Hälfte (1969 rund 47,5 % oder 7208,6 Mio. kWh). Dabei hat der Verbrauch in Oberbayern zwischen 1958 und 1969 um 3331,4 Mio. kWh oder 76,80 % zugenommen. Da die Intensität der Zunahme etwas hinter der der Verbrauchsziffer der gesamtbayerischen Industrie zurückblieb (Bayern + 92,15 % ; Oberbayern + 76,80 %), nahm auch der Anteil des oberbayerischen Verbrauchs von 51,63 % im Jahre 1958 auf 47,51 % im Jahre 1969 ab.

Stromverbrauch der Industrie in Bayern und Oberbayern in 1000 kWh
1958—1969

	1958	1960	1963	1965
Bayern	7 895 583	9 426 562	10 419 335	11 929 547
Oberbayern	4 077 182	4 822 042	5 072 329	5 732 880
i. v. H. Bayerns	51,63	51,15	48,68	48,05

	1967	1968	1969	1958—1969
Bayern	12 709 470	14 068 349	15 171 724	+ 7 276 141
				+ 92,15 %
Oberbayern	6 246 542	6 890 273	7 208 610	+ 3 131 428
				+ 76,80 %
i. v. H. Bayerns	49,14	48,97	47,51	

Die Darstellung des sektoralen Stromverbrauchs der oberbayerischen Industrie kann sich nicht nur auf den Vergleich der absoluten Verbrauchsziffern der einzelnen Industriegruppen beschränken. Für die Beurteilung der Stromintensität der einzelnen Industriegruppen ist es vielmehr notwendig, die Relation zwischen dem Gesamtverbrauch der Industriegruppen und der Zahl der industriellen Arbeitsplätze dieser Gruppe herzustellen oder die Verbrauchsmenge der Zahl der in der jeweiligen Branche geleisteten Arbeitsstunden gegenüberzustellen. In dieser Untersuchung wird von den geleisteten Arbeitsstunden ausgegangen, weil die Ermittlung des Stromverbrauchs je geleistete Arbeitsstunde aussagekräftiger erscheint und die Bedeutung der elektrischen Energie für die einzelnen Industriegruppen besser dargestellt wird als die Inbeziehungsetzung des Stromverbrauchs zur Gesamtbeschäftigungszahl.

An der Spitze aller oberbayerischen Industriegruppen liegt mit einem Verbrauch von rund 2936,7 Mio. kWh, das sind 40,7 % des Gesamtverbrauchs der oberbayerischen Industrie, die Chemie. Ihr folgt an 2. Stelle mit 1301,3 Mio. kWh die Gruppe NE-Metallhütte- Umschmelzwerke und NE-Metallscheideanstalten. An 3. Stelle mit rund 849 Mio. kWh liegen die Werke der Holzschliff-, Zellstoff-, Papier und Pappe erzeugenden Industrie. Es folgen die Betriebe der mineralölverarbeitenden Industrie mit 420,9 Mio. kWh, der elektrotechnischen Industrie mit 241,1 Mio. kWh, des Straßenfahrzeugbaus mit 233 Mio. und des Maschinenbaus mit 179,4 Mio. kWh. Mit 88,5 Mio. folgen der Braun- und Pechkohlenbergbau, mit 78,5 Mio. die Gruppe Textil, mit 61,5 Mio. die Betriebe der Druck- und Vervielfältigungsindustrie und mit 54,7 Mio. die Sperrholz-, Holzfaserplatten- und Holzspanplattenwerke. Die übrigen Industriegruppen liegen unter jeweils 50 Mio. kWhStromverbrauch je Jahr.

Für die Beurteilung der weiteren Entwicklung der Nachfrage nach elektrischer Energie durch Oberbayerns Industrie erscheint es von Bedeutung, daß von den 11 an der Spitze im industriellen Stromverbrauch liegenden Industriegruppen 7 zu den „wachsenden Industriebranchen", eine zu den „stagnierenden Branchen" und 3 zu den „schrumpfenden Branchen" zählen. Von den 7 oberbayerischen Industriegruppen mit einem jährlichen Stromverbrauch von mehr als 150 Mio. kWh, d. h. also den Elektrizitätsgroßverbrauchern, zählen 6 zu den „Wachstumsbranchen".

Die Stromintensität der Produktion und damit der einzelnen Industriegruppe läßt sich aus dem Stromverbrauch je geleistete Arbeitsstunde ablesen. Hier liegt in der oberbayerischen Industrie die Gruppe NE-Metallerzeugung mit 439,3 kWh je Arbeitsstunde weit an der Spitze. Es folgt ihr die Mineralölverarbeitung mit 170,44 kWh je Arbeitsstunde, Chemie mit 93,57, Holzschliff-, Zellstoff-, Papier- und Pappeerzeugung mit 75,55, Braun- und Pechkohlenbergbau mit 30,21, Sperrholz-Holzfaserplatten und Holzspanplatten mit 18,63, Futtermittelindustrie mit 17,71, Mehl- und Schälmühlenindustrie mit 15,13, Zieh- und Kaltwalzwerke 13,87 und schließlich Erdgasgewinnung mit 13,50 kWh je geleistete Arbeitsstunde. Die Sand- und Kieswerke und die Ziegelindustrie folgen mit 12,33 bzw. 12,05. In die Gruppe mit einem Verbrauch zwischen 10 und 5 kWh je Arbeitsstunde fallen die stärke- und kartoffelverarbeitende Industrie, die feinkeramische Industrie, die gummi- und asbestverarbeitende Industrie, die Kalksandsteinindustrie, die Isolier- und Leichtbauplattenindustrie, die Nährmittelindustrie, die Dauermilch-, Schmelzkäse- und Käsewerke, die Brauereien, die kunststoffverarbeitende Industrie, die NE-Metallhalbzeugwerke, und die NE-Metallgießereien. Die übrigen oberbayerischen Industriegruppen haben einen Stromverbrauch von weniger als 5 kWh je geleistete Arbeitsstunde. In ihrer Produktion ausgesprochen stromextensiv, mit Verbrauchswerten unter 1 kWh je geleisteter Arbeitsstunde, sind die Gruppen: Torfindustrie, Kleinmusikinstrumentenindustrie, Glasindustrie, lederverarbeitende Industrie und Bekleidungsindustrie.

Der regionale Stromverbrauch in der oberbayerischen Industrie weist ebenso wie bei den übrigen Energieträgern deutliche Schwerpunkte auf. An der Spitze der absoluten Werte lag 1969 mit einem Verbrauch von 4120,6 Mio. kWh oder 57,2 % des Gesamtverbrauchs der oberbayerischen Industrie wiederum der Landkreis Altötting, als Sitz der oberbayerischen Großchemie und des bedeutendsten Betriebes der NE-Metallgewinnung in Oberbayern (VAW Töging). Mit weitem Abstand folgt die Landeshauptstadt München mit 748,5 Mio. kWh oder 10,38 % des oberbayerischen industriellen Verbrauchs. Der Landkreis Schongau, am 3. Platz, erreicht mit 421,7 Mio. kWh 5,84 % des oberbayerischen industriellen Verbrauchs; Rosenheim mit 246,3 Mio., 3,41 %; Dachau mit 209,4 Mio., 2,90 % des industriellen Verbrauchs. Mehr als 100 Mio. kWh als Jahresverbrauch hatten ferner die Industriebetriebe der nachstehenden Stadt- und Landkreise: Landkreis Traunstein (2,55 %), Stadt Ingolstadt (2,33 %), Landkreis München (2,02 %), Landkreis Ingolstadt (1,82 %), Landkreis Pfaffenhofen (1,64 %), Bad Aibling (1,60 %) und Landkreis Weilheim (1,50 %) (vgl. Abb. 4).

Bei näherer Untersuchung der Landkreise mit hohem Stromverbrauch (mehr als 100 Mio. kWh je Jahr) macht der unterschiedliche Verlauf der Entwicklungsreihe seit 1958 den Wandel in der Industriestruktur deutlich. Besonders augenfällig wird dabei die Ansiedlung neuer Industriegruppen mit hohem Strombedarf, wie etwa der Raffinerien in den Landkreisen Ingolstadt und Pfaffenhofen. Bei einem Ausgangswert von 1958 = 100 hatte in Ingolstadt der industrielle Stromverbrauch bis 1963 eine Wertziffer von 202 erreicht. 1965, im Jahre der Inbetriebnahme von zwei Erdölraffinerien, sprang die Vergleichsziffer auf 2 151, um kontinuierlich steigend, bis 1969 2455 zu erreichen.

Bei einer noch kleineren Ausgangsbasis im Jahre 1958 war die Entwicklung im Landkreis Pfaffenhofen a. d. Ilm insbesondere mit der Inbetriebnahme der Raffinerie Vohburg im Jahre 1968 noch sprunghafter. Die Verbrauchsziffer erhöhte sich zwischen 1958 und 1967 von 100 auf 304, 1968 auf 2250 und erreichte schließlich 1969 3554 (Verbrauch 1958 = 100).

Im Vergleich hierzu blieb die Verbrauchsentwicklung im Landkreis Altötting dank seiner außerordentlich hohen Ausgangsbasis im Jahre 1958 unter dem Durchschnitt des Regierungsbezirks und erreichte bis 1969 die Wertziffer 145 (oberbayerische Industrie = 177).

Mit Ausnahme der Landkreise Weilheim, Traunstein und Bad Aibling, deren Wachstum der Stromverbrauchsrate ebenfalls unter dem des oberbayerischen Durchschnitts blieb, lagen die Stadt und Landkreise mit „hohem Stromverbrauch" erheblich über der oberbayerischen Wachstumsquote von 177.

Abbildung 4

An der Spitze liegt dabei Pfaffenhofen (3554), gefolgt von Ingolstadt (2455), der Stadt Ingolstadt (489), Schongau (277), der Landeshauptstadt München (249), Landkreis Rosenheim (231), Landkreis München (222) und Landkreis Dachau (213).

Während Traunstein und Bad Aibling ein kontinuierliches, insgesamt aber schwächeres Wachstum als Gesamtoberbayern aufweisen, lag in Weilheim die Wachstumsziffer bis 1967 jeweils über dem oberbayerischen Durchschnitt, um dann bei rückläufiger Verbrauchsziffer auch in der Wachstumsziffer unter den oberbayerischen Durchschnittswert abzusinken. Als Grund hierfür sind die Schließung der Kohlengruben und die Friktionsverluste bis zum Anlaufen der Ersatzindustrie anzusehen.

Der Vergleich der Entwicklung der Verbrauchsziffern und der Wachstumsquoten spiegelt außerdem die konjunkturelle Entwicklung wider. Besonders deutlich ist die Verlangsamung des Wachstums des Stromverbrauchs während der Rezessionsjahre 1966/67 sowie die stärkere Verbrauchszunahme zwischen 1968 und 1969 als Zeichen des konjunkturellen Aufschwungs.

Regionale Schwerpunkte des Stromverbrauchs der Industrie in Oberbayern
(Stadt- und Landkreise) mit einem Jahresverbrauch (1969) von mehr als 100 Mio. kWh.

Stadtkreis	1958	1960	1963	1965	1967	1968	1969
Ingolstadt	34 499	56 578	79 581	109 050	117 635	146 522	168 669
	(100)	(164)	(231)	(316)	(341)	(425)	(488,90)
München	300 826	356 079	435 192	513 267	545 098	627 335	748 590
	(100)	(118)	(145)	(171)	(181)	(209)	(249)
Landkreis							
Altötting	2 833 081	3 324 086	3 212 790	3 507 674	3 883 603	4 250 990	4 120 559
	(100)	(117)	(113)	(124)	(137)	(150)	(145)
Bad Aibling	67 347	73 575	76 008	85 868	88 751	97 057	115 512
	(100)	(109)	(113)	(128)	(132)	(144)	(172)
Dachau	98 150	140 169	162 820	171 688	183 540	181 708	209 357
	(100)	(143)	(166)	(175)	(187)	(185)	(213)
Ingolstadt	5 368	6 859	10 824	115 440	122 378	123 368	131 771
	(100)	(128)	(202)	(2151)	(2280)	(2298)	(2455)
München	65 553	71 673	96 483	92 829	106 439	121 595	145 640
	(100)	(109)	(147)	(142)	(162)	(185)	(222)
Pfaffenhofen	3 341	4 234	5 199	9 780	10 161	75 176	118 729
	(100)	(133)	(156)	(293)	(304)	(2250)	(3554)
Rosenheim	106 448	128 511	176 680	210 238	219 477	234 267	246 271
	(100)	(121)	(166)	(198)	(206)	(220)	(231)
Schongau	152 327	169 648	207 898	227 175	267 578	298 688	421 658
	(100)	(111)	(136)	(149)	(176)	(196)	(277)
Traunstein	111 678	135 526	144 010	162 022	181 421	176 882	184 793
	(100)	(121)	(129)	(145)	(162)	(158)	(165)
Weilheim	68 494	77 844	105 276	117 414	126 633	116 198	108 328
	(100)	(114)	(154)	(171)	(185)	(169)	(158)
Oberbayerns Industrie insges.	4 077 182	4 822 047	5 072 329	5 732 880	6 246 548	6 890 273	7 208 610
	(100)	(118)	(124)	(141)	(153)	(169)	(177)

Auf die größeren Räume abgestellt, ergibt sich also, daß 1969 60,26 % des industriellen Stromverbrauchs Oberbayerns auf die Region Inn-Salzach-Alz entfiel (oberbayerischer Teil dieser Region, bestehend aus den Landkreisen Altötting, Mühldorf und Traunstein).

An zweiter Stelle liegt die Region München mit 15,30 % des Gesamtverbrauchs. Hier sind zur Region Stadt und Landkreis München und der Landkreis Dachau gerechnet, deren Werte besonders zu Buch schlagen.

Einen weiteren Schwerpunkt mit 7,34 % des industriellen Stromverbrauchs Oberbayerns bilden die Landkreise Weilheim und Schongau mit der Entwicklungsachse Weilheim-Peißenberg-Peiting-Schongau-Altenstadt.

An nächster Stelle liegt die Region Ingolstadt mit 5,79 % (Stadt Ingolstadt, Landkreis Ingolstadt und Landkreis Pfaffenhofen).

Die Region Rosenheim/Mangfalltal (Stadt Rosenheim, Landkreis Rosenheim, Landkreis Bad Aibling) erreichte 5,44 % des industriellen Stromverbrauchs von Oberbayern.

Wesentliche Entscheidungshilfe für die Situierung neuer Kraftwerkseinheiten, die speziell auf den industriellen Strombedarf abgestellt sein sollen, kann ein regionaler Vergleich über die Anteile der industriellen Arbeitsplätze, der geleisteten Arbeitsstunden in der Industrie und des Stromverbrauchs der Industrie sowie eine Übersicht über diese Entwicklung der Werte über einen längeren Zeitraum bieten. In der Übersicht sind diese Vergleichswerte aufgeschlüsselt nach Stadt- und Landkreisen des Regierungsbezirks für die Jahre 1958, 1965 und 1969.

Die industrielle Entwicklung in den Stadt- und Landkreisen Oberbayerns (1958—1969)

Städte:	1958			1965			1969		
	I	II	III	I	II	III	I	II	III
Bad Reichenhall	0,16	0,18	0,18	0,14	0,17	0,29	0,12	0,14	0,29
Freising	0,87	0,91	0,11	0,76	0,83	0,10	1,00	1,05	0,13
Ingolstadt	4,68	5,10	0,84	6,21	6,73	1,90	6,38	7,41	2,33
Landsberg a. Lech	0,40	0,44	0,06	0,43	0,53	0,07	0,39	0,45	0,06
München	55,23	51,30	7,37	52,97	47,70	8,95	52,11	45,99	10,38
Rosenheim	1,74	1,77	0,29	1,59	1,71	0,41	1,58	1,66	0,43
Traunstein	0,24	0,28	0,05	0,23	0,27	0,07	0,21	0,26	0,07
	63,32	59,98	8,90	62,33	57,94	11,79	61,79	56,96	13,69
Landkreise:									
Aichach	0,65	0,74	0,08	0,63	0,74	0,15	0,65	0,77	0,13
Altötting	4,40	4,61	69,48	3,71	4,21	61,18	3,77	4,54	57,16
Bad Aibling	1,62	1,75	1,65	1,43	1,63	1,49	1,41	1,60	1,60
Bad Tölz	0,78	0,85	0,32	0,64	0,75	0,44	0,57	0,67	0,47
Berchtesgaden	0,42	0,50	0,09	0,51	0,55	0,12	0,50	0,52	0,11
Dachau	2,04	2,32	2,40	1,75	2,00	2,99	1,92	2,25	2,90
Ebersberg	0,68	0,78	0,12	1,02	1,26	0,24	1,01	1,28	0,30
Erding	1,39	1,64	0,19	1,53	1,81	0,25	1,37	1,67	0,26
Freising	0,98	1,16	0,27	1,14	1,15	0,54	1,93	1,89	0,72
F'feldbruck	0,93	1,09	0,40	0,93	1,07	0,35	0,88	1,02	0,25
Garmisch-Part.	0,59	0,69	0,49	0,42	0,49	0,25	0,40	0,46	0,22
Ingolstadt	0,45	0,50	0,13	0,99	1,01	2,01	0,96	1,02	1,82
Landsberg a. Lech	0,35	0,44	0,06	0,33	0,41	0,09	0,39	0,47	0,11
Lauffen	1,00	1,14	0,27	1,30	1,50	0,32	1,25	1,45	0,30
Miesbach	1,90	2,11	1,60	1,34	1,51	1,91	1,11	1,27	1,13
Mühldorf	1,55	1,65	0,29	2,06	2,36	0,46	2,13	2,48	0,55
München	2,97	3,07	1,60	3,88	3,75	1,61	4,28	4,19	2,02
Pfaffenhofen	0,53	0,61	0,08	0,80	0,95	0,17	0,80	0,94	1,64
Rosenheim	1,86	1,94	2,61	1,64	1,80	3,66	1,61	1,83	3,41
Schongau	1,04	1,16	3,73	1,09	1,27	3,96	1,17	1,43	5,84
Schrobenhausen	0,53	0,64	0,27	0,60	0,80	0,37	0,52	0,69	0,38
Starnberg	1,21	1,20	0,18	1,84	1,76	0,23	1,91	1,84	0,22
Traunstein	3,28	3,41	2,73	3,46	3,75	2,82	3,29	3,69	2,55
Wasserburg	0,53	0,63	0,09	0,63	0,81	0,16	0,81	0,93	0,31
Weilheim	3,61	3,94	1,67	2,55	2,86	2,04	1,95	2,30	1,50
Wolfratshausen	1,23	1,27	0,13	1,30	1,49	0,24	1,43	1,67	0,23

I: Anteil an der Zahl der industriellen Beschäftigten in Obb.
II: Anteil an den geleisteten industriellen Arbeitsstunden in Obb.
III: Anteil am Stromverbrauch der Industrie in Obb.

Der jeweilige Vom-100-Anteil am Gesamtwert des Regierungsbezirks als Vergleichswert für die drei Merkmalsgruppen Beschäftigte, geleistete Arbeitsstunden und Stromverbrauch macht die Entwicklung der Industrie in den Stadt- und Landkreisen deutlich und ermöglicht einen Vergleich mit den übrigen Bereichen des Regierungsbezirks.

Von der Typisierung der Industriestruktur, die durch Bewertung und Kombination dieser Daten möglich wäre, kann im Rahmen dieser Untersuchung abgesehen werden.

IV. Raumwirtschaftliche Fakten für neue Kraftwerksstandorte

Ein Vergleich des Energiebedarfs der oberbayerischen Industrie mit der regionalen Verteilung des Stromdargebots, d. h. der Verteilung der Kraftwerke auf die eigentlichen Verbrauchsschwerpunkte, zeigt, daß nur in wenigen Fällen die Stromerzeugung im unmittelbaren Bereich des Verbrauchsschwerpunkts liegt und damit, betriebswirtschaftlich gesehen, eine optimale, d. h. kostengünstigste Versorgung gegeben ist.

Wenn von der bekannten Faustregel für die Zusammensetzung der Stromkosten ausgegangen werden darf, wonach etwa $1/3$ der Kosten auf die Erzeugung selbst, $1/3$ auf die Grobverteilung im Höchst- und Hochspannungsbereich und $1/3$ auf die Verteilung im Mittel- und Niederspannungsbereich entfallen, sollte bei der Standortwahl neuer Kraftwerke versucht werden, die Übertragungskosten möglichst gering zu halten, d. h. die Erzeugungsanlage möglichst in die Nähe der potentiellen Abnehmer zu setzen.

In der ersten Ausbauphase der Kraftwerke in Oberbayern, abgestützt auf das Wasserkraftdargebot, war versucht worden, ein räumliches Zusammentreffen von Verbrauchsschwerpunkten und Erzeugungsstätten zu erreichen. Das typische Beispiel hierfür war das Entstehen der oberbayerischen Großchemie auf der Basis der Wasserkräfte, d. h. die Ansiedlung chemischer Großbetriebe im Bereich der Alz, des Inns und der Salzach. Auch die Nutzung der Wasserkräfte im Isarbereich einschließlich Loisach, Amper und Leitzach zur Deckung des Energiebedarfs der in jener Zeit noch relativ bescheidenen Industrie im Raume München kann als Beispiel hierfür gewertet werden.

Der schnell wachsende Energiebedarf der Industrie ging rasch über das Dargebot der bodenständigen Energiebasis hinaus und zwang zur Inanspruchnahme neuer, weiter entfernt gelegener Energiequellen, insbesondere aus dem Bereich der Alpenflüsse. Der Ausbau größerer Übertragungs- und Verteilernetze im Energieverbund wurde notwendig. Von der ursprünglichen Forderung, aus wirtschaftlichen Gründen die Stromerzeugung möglichst nahe an den Verbrauchsschwerpunkten zu betreiben, mußte daher immer mehr abgerückt werden.

Die technische Entwicklung im Kraftwerksbau, das Hinwenden zu thermischen Kraftwerken und die Umstellung auf Brennstoffe ohne erhebliche Transportkostenanteile ermöglicht heute, gesamtwirtschaftliche und betriebswirtschaftliche Kalkulationsforderungen stärker in den Mittelpunkt von Standortentscheidungen zu stellen.

Eine Überprüfung, ob die Forderung nach verbrauchsnaher Energieerzeugung für die oberbayerischen industriellen Schwerpunkte derzeit erfüllt ist oder in Zukunft erfüllt werden kann, führt aus der Sicht der Landesentwicklung und Regionalplanung zu nachstehendem Ergebnis:

Im Raume Ingolstadt, dem jüngsten der oberbayerischen industriellen Verdichtungsräume, fehlte bis in die jüngste Vergangenheit eine eigenständige Energieerzeugung. Erst mit der Ansiedlung der Raffinerien und dem Ausbau des bayerischen Raffineriezentrums war es möglich, auf der Basis des schweren Heizöls und des Raffineriegases Kraftwerke zu errichten. Die Großkraftwerke der Bayernwerk AG und der Isar-Amperwerke AG in Großmehring und Irsching stellen zudem die erste Nachfolgeindustrialisierung der Raffinerien innerhalb der Region dar. Bei Berücksichtigung des gegenwärtigen Ausbaustandes und der bekannten weiteren Planungen für die Vergrößerung der Kraftwerke, die auf nahezu das gesamte Kühlwasserdargebot der Donau in diesem Abschnitt abgestellt sind, muß der Raum Ingolstadt im Rahmen der bayerischen Energieerzeugung als saturiert angesehen werden. Weitere Kraftwerksstandorte können im oberbayerischen Donaubereich nicht vorgeschlagen werden, wenn nicht neue technische Möglichkeiten für die Kühlung erschlossen werden.

Im Raum München haben vor allem die Stadtwerke und die Isar-Amperwerke eine Reihe thermischer Kraftwerke errichtet, wobei das natürliche Kühlwasserdargebot von Isar und Amper genutzt wird. Im Kerngebiet der Region bieten sich nunmehr keine neuen Erzeugungsschwerpunkte an, wenn als wichtigstes Standortkriterium für neue Kraftwerke ein ausreichendes Kühlwasserdargebot angenommen wird.

Sowohl der Isar in ihrem Oberlauf als auch den stadtnahen Seen kommt wegen der Lage im Naherholungsgebiet der Region primär eine entsprechende Funktion für die Bevölkerung zu. Die Errichtung eines Atomkraftwerkes in diesem Bereich erscheint unter Gesichtspunkten des Umweltschutzes, des Natur- und Landschaftsschutzes und der Wasserhygiene untragbar. Dagegen erscheint die Errichtung einer größeren Kraftwerkseinheit, abgestellt auf die Versorgung der Stadt und ihres Verflechtungsbereiches im Raume der Isar-Ampermündung, d. h. im Gebiet von Moosburg evtl. unter Verwendung der Speicherbecken der Uppenbornwerke, dann denkbar, wenn nicht von Seiten der Wasserwirtschaft Bedenken wegen der Trinkwasserversorgung von Landshut, die z. T. aus den Talalluvionen erfolgt, erhoben werden.

Im Raume Rosenheim/Mangfalltal bestehen derzeit keine größeren thermischen Kraftwerke. Die primäre Standortvoraussetzung, nämlich die Kühlwasserversorgung für eine neue Kraftwerkseinheit in der heute wirtschaftlichen Größe, bietet ohne Zweifel der Inn. Im vorhandenen regionalen und überregionalen Verteiler- und Verbindungsnetz ist dieser Raum über den Stützpunkt Pang und den im Aufbau stehenden Versorgungsstützpunkt Rosenheim-Nord der Isar-Amperwerke bei Schechen gut erschlossen. Auch eine Einbindung in das künftige 220/380 kV-Landesnetz ist vorgesehen. Ein neues Großkraftwerk erscheint daher im Innbereich innerhalb der Region Rosenheim denkbar. Aus wasserwirtschaftlicher Sicht sind Varianten sowohl südlich als auch nördlich des Stadtbereiches tragbar, wobei die Gewinnung des notwendigen Baugeländes möglich sein dürfte. Die bestehenden Leitungssysteme und die Situierung des künftigen Versorgungsstützpunktes Rosenheim sprechen wohl für die nördliche Lösung.

Im Raum Schongau-Weilheim käme der Lech als Vorfluter und Lieferant für das benötigte Kühlwasser in Frage. Er ist im angesprochenen Gebiet, d. h. auf der Strecke zwischen dem Forggensee und Landsberg a. Lech, von der BAWAG für die Energieerzeugung bereits weitgehend ausgebaut. Aus wasserwirtschaftlicher Sicht, insbesondere wegen des Projekts der Trinkwasserversorgung des Raumes Nürnberg aus dem Mündungsgebiet des Lechs in die Donau sowie im Hinblick auf den lechabwärts gelegenen Großraum Augsburg, dürfte unter den derzeitigen Standortbedingungen der Bereich des Oberen Lechs für die Errichtung eines Atomkraftwerkes nicht in Betracht kommen.

Die Region Inn-Salzach-Alz als die verbrauchsstärkste Region und als Zentrum des Elektrizitätsbedarfs der oberbayerischen Industrie ist allein auf die Erzeugung aus

Laufkraftwerken sowie auf die Stromzufuhr aus Kraftwerken außerhalb der Region und des Bundesgebietes angewiesen. Die Frage der Errichtung eines thermischen Großkraftwerkes müßte sich hier vorrangig stellen. Dabei kann sowohl an ein Kraftwerk auf Atom- als auch an ein solches auf Öl-Basis gedacht werden. Ein zunehmender Strombedarf im angrenzenden oberösterreichischen Industrieraum unterstreicht diese Standortüberlegung.

Abgesehen von dem derzeitigen Verbrauch (60,26 %) des Verbrauchs der oberbayerischen Industrie) spricht auch die Entwicklung der Großchemie für eine solche Entscheidung. Ihre Umstellung auf Petrochemie und die damit verbundenen Erweiterungen lassen eine weitere Steigerung des Energiebedarfs erwarten. Das gleiche dürfte für die NE-Metallgewinnung gelten.

Für einen Standort am unteren Inn, etwa im Bereich der alten Alzmündung oder der Salzachmündung, spricht die Wasserführung (langjähriges Mittel NQ 86,9 cbm/sec., MNQ 120 cbm/sec.). Für einen Standort im Salzachbereich (Salzach bei Burghausen, langjähriges Mittel NQ 41,5 cbm/sec., MNQ 75,6 cbm/sec.) könnte die Nähe des Stützpunktes Pirach der Landesversorgung sprechen.

Wie die Untersuchung zeigt, ist in den fünf industriellen Verbrauchsschwerpunkten Oberbayerns bei deren strukturellen Gegebenheit, der branchenmäßigen Gliederung des Industriebesatzes und entsprechend der bisherigen Entwicklung der Nachfrage nach elektrischer Energie auch in Zukunft ein so erheblicher Verbrauchszuwachs zu erwarten, daß zu seiner Deckung die Errichtung weiterer großer thermischer Kraftwerke notwendig werden wird. Wenn Großkraftwerke, wie es nach dem heutigen Stand der Technik scheint, aus wirtschaftlichen Gründen auf das Kühlwasserdargebot von Flüssen und Seen auch in Zukunft angewiesen sein sollten, bestehen in Oberbayern, dem Regierungsbezirk mit dem höchsten Strombedarf in Bayern, im Bereich der Regionen Rosenheim und Inn-Salzach-Alz und mit gewissen Einschränkungen im Nordteil der Region München Standortmöglichkeiten für deren Neuerrichtung.

Literaturhinweise

BACHMANN, E.: Über die Bedeutung der Strompreisunterschiede für Industrieansiedlung. In: Wirtschaft und Standort, 6/70.

FÖRSTER, K.: Allgemeine Energiewirtschaft. Berlin und München 1965.

GUTHSMUTHS, W.: Raumprobleme und Energiewirtschaft. In: 25 Jahre Raumforschung in Deutschland. Bremen 1960.

HOLZAPFEL, W.: Energiegefälle flacht ab. In: Wirtschaft und Standort, 6/70.

MANDEL, H.: Die Entwicklung der Stromerzeugungsmöglichkeiten und das unternehmerische Wagnis der Elektrizitätswirtschaft. Heft 113 der Arbeitsgemeinschaft für Forschung des Landes Nordrhein-Westfalen. Köln und Opladen 1964.

SANDER, N.: Energiepreise — Ein Faktor von vielen bei der Standortwahl. In: Wirtschaft und Standort, 6/70.

SCHNEIDER, K. H.: Energiewirtschaft und Raumordnung. In: Handwörterbuch der Raumforschung und Raumordnung. Hrg. von der Akademie für Raumforschung und Landesplanung Hannover, 1. Aufl. 1966, 2. Auflage 1970.

WITZMANN, KH.: Die Industrie in Oberbayern. In: Raumforschung und Raumordnung, 1956. — Die Bedeutung der neuen Gemeinden Oberbayerns. In: Bayerland, 1961.

Akademie für Raumforschung und Landesplanung: Energiewirtschaft und Raumordnung. Forschungs- und Sitzungsberichte, Band XXXVIII, Hannover 1967. — Probleme der energiewirtschaftlichen Regionalplanung. Forschungs- und Sitzungsberichte, Band 44, Hannover 1968.

Bayerisches Staatsministerium für Wirtschaft und Verkehr: Raumordnungsplan Mittelbayerisches Donaugebiet (Vorentwurf). München 1965. — Energie für Bayern. WV-Heft 70/2, München 1970.

Bayerisches Staatsministerium des Innern: Oberste Baubehörde: Gewässerschutzbericht. München 1970.

Raumforschung und Landesplanung: Beiträge zur regionalen Aufbauplanung in Bayern: Herausgeber W. Guthsmuths: Heft 1 — Der Wirtschaftsraum Inn-Salzach-Alz. München, 2. Aufl. 1959, von Kh. Witzmann. Heft 6 — Die Eingliederung als Gegenstand der Landesplanung, München 1958, von W. Guthsmuths. Heft 10 — Die Bedeutung der Bodenschätze für die bayerische Landesplanung. München 1960, von G. Barth. Heft 12 — Die Region München. München 1967, von Kh. Witzmann.

Forschungs- und Sitzungsberichte
der Akademie für Raumforschung und Landesplanung

Band 45: LAG Bayern 1

Finanzpolitik als Gegenstand der Regionalplanung

Aus dem Inhalt:

Seite

Staatssekretär a. D.   Landesplanerische Zielsetzungen im Bereich von
Prof. Dr. Willi Guthsmuths,   stadträumlicher Regionalplanung und kommunalem
München   Finanzausgleich 1

Ministerialdirektor   Die Beziehungen zwischen Finanzausgleich und
Prof. Dr. Otto Barbarino,   Raumordnung; dargelegt an der Finanzpolitik des
München   Landes Bayern 13

Staatssekretär a. D.   Betriebswirtschaftspolitische Gedanken zur Proble-
Prof. Dr. Willi Guthsmuths,   matik von Raumstruktur und regionaler Finanz-
München   politik 57

Regierungsdirektor   Raumordnungspolitik, regionale Wirtschaftspolitik
Dr. Karlheinz Witzmann,   und Finanzpolitik 89
München

Der gesamte Band umfaßt 100 Seiten; Format DIN B 5; 1969; Preis 28,— DM

GEBRÜDER JÄNECKE VERLAG · HANNOVER

Forschungs- und Sitzungsberichte
der Akademie für Raumforschung und Landesplanung

Band 68: LAG Baden-Württemberg 2

Landesplanerische Aspekte der Entwicklung der Land- und Forstwirtschaft in Baden-Württemberg

Aus dem Inhalt:

		Seite
Prof. Dr. Josef Umlauf, Stuttgart	Vorwort	VII
Prof. Dr. Josef Umlauf, Stuttgart	Zur Einführung	1
Ministerialrat Dr. Erwin Zillenbiller, Stuttgart	Die gegenwärtige Lage und die Entwicklungsmöglichkeiten der Landwirtschaft in Baden-Württemberg	5
Oberforstrat Dr. Ulrich Ammer, Reutlingen	Die gegenwärtige Lage und die Entwicklungsmöglichkeit der Forstwirtschaft in Baden-Württemberg, I. Teil	23
Prof. Dr. Gerhard Speidel, Freiburg i. Br.	Die gegenwärtige Lage und die Entwicklungsmöglichkeiten der Forstwirtschaft in Baden-Württemberg, II. Teil	35
Prof. Dr. Helmut Röhm, Stuttgart	Landesplanerische Aspekte der Agrarpolitik in Baden-Württemberg	41
Ministerialrat Alois Sabel, Stuttgart	Bewirtschaftungszuschüsse für soziale Dienstleistungen landwirtschaftlicher Betriebe	59
Ministerialrat Helmut Langenhan, Stuttgart	Aspekte und Konsequenzen des Strukturwandels in der Land- und Forstwirtschaft Baden-Württembergs aus der Sicht der Raumordnung und Landesplanung	61
Prof. Dr. Josef Umlauf, Stuttgart	Zusammenfassende Bemerkungen	71

Der gesamte Band umfaßt 76 Seiten; Format DIN B 5; 1972; Preis 22,— DM.

GEBRÜDER JÄNECKE VERLAG · HANNOVER